K-POP、韓流ドラマのおなじみフレーズで

身につく
基本の韓国語

みんしる 著

KADOKAWA

韓国語学習の土台を
作りましょう

皆さま 안녕하세요! みんしるです。初めて出版した韓国語本
『スマホでコメントできる　短い韓国語』は、おかげさまで多くの
方々が手にしてくださり、本当にうれしく思っています。

その後、コロナの影響で世界が大きく変わりました。大好きな
韓流スターのコンサートやファンミーティングが行われなくなり、
韓国旅行もむずかしいという状況にありますが、韓国語の必要性
をさらに感じている方はむしろふえているのではないでしょうか。
リアルイベントが中止されるなか、私たちのさびしい気持ちを満た
してくれているのは、V LIVEなどのオンラインライブ、インスタラ
イブや、チャットサービス、スターとのヨントン(영상통화<ヨンサ
ントンファ>／映像通話の略語で、スターとのテレビ電話のこと)
など。エンターテインメントの世界もオンラインが主流になり、韓
国発のコンテンツに触れることが以前より多くなりました。そう

なると、必然的に必要となるのが「韓国語力」。推しが話す言葉を、自分の力で理解したいという思いが一段と強くなったのでは？

　けれども韓国語をそんなに簡単に習得できるわけもなく……。正直、その道のりは長く険しい。勉強を始めて早々に挫折という方も多いことでしょう。長い道のりなら、せめて「楽しく」「効率的に」学びたいもの。そんな想いを持っている皆さまに届けるために書いたのが今回の本です。「楽しく」は大好きな推しの言葉や曲の歌詞、お気に入りのドラマのセリフを使うこと。「効率的に」はそんなフレーズから基本的な文法項目を取り出した解説。その2つを組み合わせました。楽しみながら基本の文法もマスターして韓国語の土台を作り、そこから韓国語をステップアップさせていきましょう。

　コンサートやファンミーティングで"推しの言葉を理解してすぐに反応できる自分"を目指す皆さまのお役に立てたらうれしいです。

みんしる

身につく
基本の韓国語

韓国語の文字を覚えよう ……… 11

Chapter 2

韓流スターがよく言うフレーズ ……33

デザイン／株式会社フレーズ（岩瀬恭子）
イラスト／竹井千佳（カバー、P1）、藤井昌子
DTP／株式会社明昌堂
韓国語監修／アイケーブリッジ外語学院（幡野 泉　柳 志英）
校正／株式会社文字工房燦光
構成協力／井汲千絵

韓国語初心者の方は、まずChapter1 (P.11〜) で ハングル(文字)を覚えましょう。文字を覚えること が韓国語を学ぶ土台となります。

推しが話していた言葉、韓流 ドラマのセリフ、K-POPの曲な どでよく耳にするフレーズを例 文にしました。似たような言い 回しを聞く機会が多いので、覚 えやすく、忘れません。

Chapter 2 韓流スターがよく言うフレーズ

ヨロブンドゥルル　ボル　ス　イッソソ　ヘンボカムニダ
여러분들을 볼 수 있어서 행복합니다.

皆さんに会えて幸せです。

単語

ボダ 보다	見る、会う
ヘンボカダ 행복하다	幸せだ

ルル　ウル　ボダ
를／을 보다で「〜を見る」という意味に(助詞の使い方はP.43参照)。
また、보다は、「会う」という意味で使うことも。또 봐요と言えば、「ま
た会いましょう」という意味になります。

例文で使われている単語

こんな時に使います

韓国では日本以上に「행복(ヘンボク)」という言葉をよく使います。漢字にする
と「幸福」で、韓国ではこの言葉を使って幸せやうれしさを表現することが多い
ため、よく聞く単語です。ファンに会った時は「만나서 행복해요(マンナソ ヘン
ボケヨ)／お会いできてうれしいです」、お別れする時は「항상 행복하세요(ハン
サン ヘンボカセヨ)／いつもお幸せに」が、スターからの決まり文句です。

例文のフレーズが使われる シーンを解説。背景にある 韓国の国民性などにも触れ ています。

56

\\ マスターしたい！//
文法の基本①　ㄹ/을 수 있다「〜できる」

動詞の語幹＋ㄹ/을 수 있어요

「〜できます」という言い方です。

動詞の語幹の最後がパッチムなしの時はㄹ 수 있어요

パッチムありの時は을 수 있어요となります。
〜ㄹ/을 수 없어요と言えば、「できません」という否定の意味になります。

할 수 있어요.　　　**할 수 없어요.**　　　**갈 수 있어요.**
できます。　　　　　　　できません。　　　　　　行けます。

다 먹을 수 있어요?　　　**이거 받을 수 없어요.**
全部　食べられますか？　　　これは　受け取れません。

> 文法項目をおさらいしたい時は、巻末の「文法索引」(P.140〜)を活用してください。「〜でした」という過去形の作り方は？　などという時にすぐに確認できます。

\\ マスターしたい！//
文法の基本②　아/어서「〜して」「〜なので」(動作の先行、理由)

用言の語幹＋아/어서

「〜して (…する)」のように、前の動作が後ろの文に先行することや、
「〜なので (…する)」のように、前の動作が後ろの文の理由になることを表しま[す]
用言の語幹に아/어がつく活用はP.130参照。

친구를 볼 수 있어서 기뻐요.　　　**걱정돼서 그래요.**
友達に　会えて　うれしいです。　　　心配だから　そうなんです。・心

비가 와서 갈 수 없었어요.　　　**만나서 이야기했어[요.]**
雨が　降ったので　行けませんでした。　　会って　話をしました。

식당 에 가서 저녁을 먹어요.
食堂に　行って　夕食を　食べます。

> Chapter 6の「よく使う動詞・形容詞の活用一覧表」はとても便利 (P.134〜)。文法の決まりに従って動詞・形容詞は形が変わるので、繰り返しチェックして覚えましょう。

		아 / 어요 〜ます	았 / 었어요 〜ました (過去形)	지 않아요 〜しません (否定形)
パッチムなし	カダ **가다** 行く	カヨ **가요**	カッソヨ **갔어요**	カジ　アナヨ **가지 않아요**
	オダ **오다** 来る	ワヨ **와요**	ワッソヨ **왔어요**	オジ　アナヨ **오지 않아요**
	ポダ **보다** 見る	ポアヨ **봐요**	ポアッソヨ **봤어요**	ポジ　アナヨ **보지 않아요**
	チュダ **주다** あげる	チュオヨ **줘요**	チュオッソヨ **줬어요**	チュジ　アナヨ **주지 않아요**
	マシダ **마시다** 飲む	マショヨ **마셔요**	マショッソヨ **마셨어요**	マシジ　アナヨ **마시지 않아요**
	ペウダ **배우다** 習う	ペウォヨ **배워요**	ペウォッソヨ **배웠어요**	ペウジ　アナヨ **배우지 않아요**
	トェダ **되다** なる	トェヨ **돼요**	トェッソヨ **됐어요**	トェジ　アナヨ **되지 않아요**
	ハダ **하다** する	ヘヨ **해요**	ヘッソヨ **했어요**	ハジ　アナヨ **하지 않아요**

動詞

辞書アプリを活用しましょう

韓国語でわからない単語やフレーズが出てきた時や、
「この表現、韓国語で何て言うんだっけ？」と思った時、
スマホやタブレットさえあればすぐ調べられるのが辞書アプリ。
韓国語学習に辞書は必須です。
すぐれた機能を備えたお薦めアプリをご紹介します。

NAVER辞書

　調べたい言葉をキーボード入力だけでなく、音声、手書き、写真などでも入力することが可能です。写真は表示された画像内の、訳したい箇所を指でなぞるだけでOK。調べた単語は発音も聞けて、NAVERのアカウントを持っていれば単語帳に登録することもできます。また、紙の辞書と大きく違う点は、言葉が日々更新されているところ。略語や流行語なども訳が出てきます。また、ユーザー自身が登録するオープン辞書という機能もあり、一般的な辞書では扱われない単語も登録されていて、今どきの生きた韓国語を知ることができるのです。

　特筆すべきは「V LIVE字幕」というユニークな機能。V LIVEとはNAVERが運営する動画配信サービス。単語を調べると、その単語を使っているシーンがあるK-POPアイドルのライブ動画などのV LIVE動画一覧が表示され、そこから見たい動画に飛ぶことができます。お気に入りのアイドルが、実際に話している場面を動画で見ることができるというわけです。該当する箇所の文章も表示され、音声も聞くことができます。

Papago

　NAVER辞書と同様に、キーボード以外にも音声や画像で調べたい言葉を入力できます。音声ボタンをタップしてフレーズを話すと、訳文が表示されるだけでなく発音も同時に流れるので、自動翻訳機としても活用できます。また、「会話」という機能もあり、マイクボタンを押しながら日本語で話すと韓国語に、韓国語で話すと日本語に訳されて音声も同時に流れるので、言葉がわからない同士でも会話ができるという仕組み。手軽にクイックに翻訳機能を使いたい時に、活躍してくれるアプリです。

　画像はその場で撮影したもののほか、自分が保存している写真にも対応（NAVER辞書にも同様の機能があります）。スクショ（スクリーンショット）を撮って保存した写真をすぐに呼び出して訳す、といった使い方もできます。

Chapter 1

韓国語の文字を覚えよう

韓国語を学ぶ第一歩は文字＝ハングル。
ハングルは母音と子音のパーツからできていて
わかりやすく、覚えやすい文字です。
知っておきたい「発音変化」もお伝えします。

ハングルってどんな文字？

韓国語で使う文字を、「ハングル」と呼びます。韓国語を初めて学ぶ人にとっては、見慣れない文字でとっつきにくく感じてしまうかもしれません。でも、一度仕組みを覚えてしまえば、じつはとてもシンプルで合理的。すべて子音と母音の組み合わせでできていて、文字の構成で発音がわかるようになっています。

ハングルは母音と子音からできている

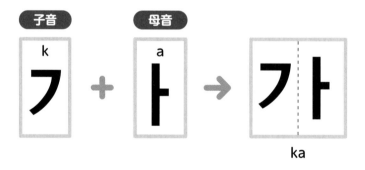

ハングルには21種類の母音（基本母音P.14、二重母音P.16）と、19種類の子音（基本子音P.15、激音P.20、濃音P.21）、合計40種類の文字があります。これらを、①子音＋母音、②子音＋母音＋子音の、大きく2つのパターンで組み合わせると1つの文字になります。

①子音＋母音のパターン

＜横並び＞   ＜縦並び＞

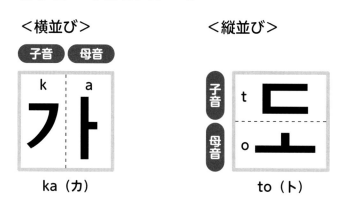

ka（カ）   to（ト）

母音と子音を組み合わせるパターンは、子音が左、母音が右にくる横並びと、子音が上、母音が下にくる縦並びの2種類の組み合わせがあります。

②子音＋母音＋子音のパターン

＜横並び＋パッチム＞   ＜縦並び＋パッチム＞

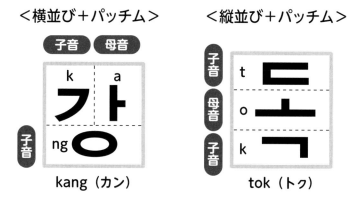

kang（カン）   tok（トク）

子音＋母音＋子音の3つで組み合わせるパターンの場合、最後の子音は、横並びか縦並びの子音と母音の組み合わせの下にきます。この最後の子音のことを「パッチム」と呼びます（P.22）。

基本母音

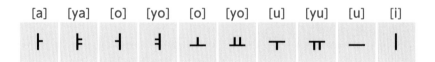

[a]	[ya]	[o]	[yo]	[o]	[yo]	[u]	[yu]	[u]	[i]
ㅏ	ㅑ	ㅓ	ㅕ	ㅗ	ㅛ	ㅜ	ㅠ	ㅡ	ㅣ

ハングルの母音は、縦に「｜」、横に「ー」と横に短く「‐」の3つの要素を組み合わせて作ります。基本となる母音は10個。母音だけを表す時は、子音がないことを表す無声子音「ㅇ」をつけて、「아」「야」のように表記します。

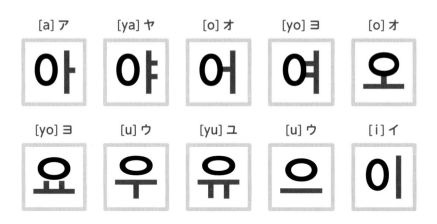

[a] ア	[ya] ヤ	[o] オ	[yo] ヨ	[o] オ
아	야	어	여	오

[yo] ヨ	[u] ウ	[yu] ユ	[u] ウ	[i] イ
요	우	유	으	이

基本母音は口の形に注意して発音しましょう。「아」は日本語の「あ」と同じ。口を思いっきり開いて発音します。「야」「어」「여」は「아」と同じ口の開き方のまま発音。「어」は日本語の「あ」と「お」の中間です。「오」は唇をすぼめ、突き出して発音。「요」「우」「유」も、「오」と同じ口の形のまま発音します。「으」は唇を横に開き、口角に力を入れて。「이」も「으」と同じ口の形のまま発音します。

基本子音

[k/g]	[n]	[t/d]	[r]	[m]	[p/b]	[s]	[無音]	[ch/j]
ㄱ	ㄴ	ㄷ	ㄹ	ㅁ	ㅂ	ㅅ	ㅇ	ㅈ

ハングルの基本となる子音は9個。「平音」と呼ばれ、日本語の発音と似ていますが、日本語より力を入れずに、少し低めに発音するのがコツです。わかりやすく、母音のㅏをつけて練習しましょう。なお、ㄱ、ㄷ、ㅂ、ㅈは語頭だと清音、語中だと濁音になります。

[ka/ga]カ/ガ　가
[na]ナ　나
[ta/da]タ/ダ　다
[ra]ラ　라
[ma]マ　마
[pa/ba]パ/バ　바
[sa]サ　사
無音 ア　아
[cha/ja]チャ/ジャ　자

「ㄱ」は日本語のカ行の[k]、「ㄴ」は日本語のナ行の[n]、「ㄷ」は日本語のタ行の[t]、「ㄹ」は日本語のラ行の[r]、「ㅁ」は日本語のマ行の[m]、「ㅂ」は日本語のパ行の[p]、「ㅅ」は日本語のサ行の[s]と覚えましょう。「ㅇ」は無音を表します。ㅈは[ch]の発音です。また、「ㄱ」「ㄷ」「ㅂ」「ㅈ」は語中で使うと音が濁り、それぞれ [g] [d] [b] [j] の音になります。

二重母音

[e]	[ye]	[e]	[ye/e]	[wa]	[we]	[we]	[wo]	[we]	[wi]	[ui/i/e]
ㅐ	ㅒ	ㅔ	ㅖ	ㅘ	ㅙ	ㅚ	ㅝ	ㅞ	ㅟ	ㅢ

基本母音を組み合わせて作る二重母音 (合成母音)。全部で11個あります。母音だけを表す時は、子音がないことを表す無声子音「ㅇ」をつけて表記します。

[e] エ

[e] エ

애　에

どちらも日本語の「エ」とほぼ同じ発音ですが、애の方は、口をやや大きく開けて発音します。もともとは別の発音ですが、最近はほとんど区別なく発音することが多くなっています。

[ye] イェ

[ye/e] イェ / エ

얘　예

どちらも「イェ」と発音します。最近はほとんど区別せずに発音することが多くなっています。예は「ㅇ」以外の子音と組み合わせると、[e]「エ」と発音します。

[we] ウェ　[we] ウェ　[we] ウェ

唇を丸めてから順に「オエ」「ウエ」「オエ」と読むように意識しますが、実際には3つともほぼ同じ発音で「ウェ」となります。

[wa] ワ　[wo] ウォ　[wi] ウィ

와は「オ」＋「ア」で、唇を丸めてから「ワ」と発音します。워は唇を丸めてから「ウォ」と発音します。위は、唇を丸めてから横に広げるようにして「ウィ」と発音します。

[ui/i/e] ウィ / イ / エ

唇を横に開いて発音します。語頭にきた時は「ウィ」、語中や語尾、または前に「ㅇ」以外の子音がきた時は「イ」と発音します。さらに、名詞をつなぐ「の」の意味の助詞「의」として使う時は、主に「エ」と発音します。

ハングル一覧表【基本母音】

基本母音＼基本子音	ㄱ k・g	ㄴ n	ㄷ t・d	ㄹ r	ㅁ m	ㅂ p・b	ㅅ s	ㅇ 無音	ㅈ ch・j	ㅎ h
ㅏ a	가 ka カ	나 na ナ	다 ta タ	라 ra ラ	마 ma マ	바 pa パ	사 sa サ	아 a ア	자 cha チャ	하 ha ハ
ㅑ ya	갸 kya キャ	냐 nya ニャ	댜 tya テャ	랴 rya リャ	먀 mya ミャ	뱌 pya ピャ	샤 sya シャ	야 ya ヤ	쟈 chya チャ	햐 hya ヒャ
ㅓ o	거 ko コ	너 no ノ	더 to ト	러 ro ロ	머 mo モ	버 po ポ	서 so ソ	어 o オ	저 cho チョ	허 ho ホ
ㅕ yo	겨 kyo キョ	녀 nyo ニョ	뎌 tyo トョ	려 ryo リョ	며 myo ミョ	벼 pyo ピョ	셔 syo ショ	여 yo ヨ	져 chyo チョ	혀 hyo ヒョ
ㅗ o	고 ko コ	노 no ノ	도 to ト	로 ro ロ	모 mo モ	보 po ポ	소 so ソ	오 o オ	조 cho チョ	호 ho ホ
ㅛ yo	교 kyo キョ	뇨 nyo ニョ	됴 tyo トョ	료 ryo リョ	묘 myo ミョ	뵤 pyo ピョ	쇼 syo ショ	요 yo ヨ	죠 chyo チョ	효 hyo ヒョ
ㅜ u	구 ku ク	누 nu ヌ	두 tu トゥ	루 ru ル	무 mu ム	부 pu プ	수 su ス	우 u ウ	주 chu チュ	후 hu フ
ㅠ yu	규 kyu キュ	뉴 nyu ニュ	듀 tyu トュ	류 ryu リュ	뮤 myu ミュ	뷰 pyu ピュ	슈 syu シュ	유 yu ユ	쥬 chyu チュ	휴 hyu ヒュ
ㅡ u	그 ku ク	느 nu ヌ	드 tu トゥ	르 ru ル	므 mu ム	브 pu プ	스 su ス	으 u ウ	즈 chu チュ	흐 hu フ
ㅣ i	기 ki キ	니 ni ニ	디 ti ティ	리 ri リ	미 mi ミ	비 pi ピ	시 si シ	이 i イ	지 chi チ	히 hi ヒ

※発音をローマ字とカタカナで表していますが、異なる発音表記を採用している本もあります。

ハングル一覧表【二重母音】

	基本子音									
	ㄱ k・g	ㄴ n	ㄷ t・d	ㄹ r	ㅁ m	ㅂ p・b	ㅅ s	ㅇ 無音	ㅈ ch・j	ㅎ h
ㅐ e	개 ke ケ	내 ne ネ	대 te テ	래 re レ	매 me メ	배 pe ペ	새 se セ	애 e エ	재 che チェ	해 he ヘ
ㅒ ye	걔 kye ケ	냬 nye ネ	댸 tye テ	럐 rye レ	먜 mye メ	뱨 pye ペ	섀 sye セ	얘 ye イェ	쟤 chye チェ	햬 hye ヘ
ㅔ e	게 ke ケ	네 ne ネ	데 te テ	레 re レ	메 me メ	베 pe ペ	세 se セ	에 e エ	제 che チェ	헤 he ヘ
ㅖ ye	계 kye ケ	녜 nye ネ	뎨 tye テ	례 rye レ	몌 mye メ	볘 pye ペ	셰 sye セ	예 ye イェ	졔 chye チェ	혜 hye ヘ
ㅘ wa	과 kwa クァ	놔 nwa ヌァ	돠 twa トゥァ	롸 rwa ルァ	뫄 mwa ムァ	봐 pwa プァ	솨 swa スァ	와 wa ワ	좌 chwa チュア	화 hwa ファ
ㅙ we	괘 kwe クェ	놰 nwe ヌェ	돼 twe トゥェ	뢔 rwe ルェ	뫠 mwe ムェ	봬 pwe プェ	쇄 swe スェ	왜 we ウェ	좨 chwe チュェ	홰 hwe フェ
ㅚ we	괴 kwe クェ	뇌 nwe ヌェ	되 twe トゥェ	뢰 rwe ルェ	뫼 mwe ムェ	뵈 pwe プェ	쇠 swe スェ	외 we ウェ	죄 chwe チュェ	회 hwe フェ
ㅝ wo	궈 kwo クォ	눠 nwo ヌォ	둬 two トゥォ	뤄 rwo ルォ	뭐 mwo ムォ	붜 pwo プォ	숴 swo スォ	워 wo ウォ	줘 chwo チュオ	훠 hwo フォ
ㅞ we	궤 kwe クェ	눼 nwe ヌェ	뒈 twe トゥェ	뤠 rwe ルェ	뭬 mwe ムェ	붸 pwe プェ	쉐 swe スェ	웨 we ウェ	줴 chwe チュェ	훼 hwe フェ
ㅟ wi	귀 kwi クィ	뉘 nwi ヌィ	뒤 twi トゥィ	뤼 rwi ルィ	뮈 mwi ムィ	뷔 pwi プィ	쉬 swi シュイ	위 wi ウィ	쥐 chwi チュイ	휘 hwi フィ
ㅢ ui	긔 kui キ	늬 nui ニ	듸 tui ティ	릐 rui リ	믜 mui ミ	븨 pui ピ	싀 sui シ	의 ui ウィ	즤 chui チ	희 hui ヒ

二重母音

※ㅎは子音（激音）ですが、よく使う文字なので基本子音として扱い、
ハングル一覧表にも基本子音として入れています。

激音（子音）

平音に「ㅎ (h)」の音を加えて作られた子音で、発音する時に息を激しく吐き出すことから、激音と呼ばれます。あまり力を入れすぎず、高く、軽く発音するのがコツです。激音は語中にきても音が濁りません。

「ㅋ」は日本語のカ行の[k]、「ㅌ」は日本語のタ行の[t]、「ㅍ」は日本語のパ行の[p]を、それぞれ後ろに[h]をつけるような感覚で、息を強く吐き出しながら発音。これらは、外来語の表記に多く使われます。「ㅎ」は日本語のハ行の [h] の発音で、「하」は「ハ」になります。「ㅊ」は[ch]を息を強く吐き出しながら発音します。

					基本母音					
		ㅏ	ㅑ	ㅓ	ㅕ	ㅗ	ㅛ	ㅜ	ㅠ	ㅡ	ㅣ
		a	ya	o	yo	o	yo	u	yu	u	i
激音	ㅋ k	카 ka カ	캬 kya キャ	커 ko コ	켜 kyo キョ	코 ko コ	쿄 kyo キョ	쿠 ku ク	큐 kyu キュ	크 ku ク	키 ki キ
	ㅌ t	타 ta タ	탸 tya テャ	터 to ト	텨 tyo トョ	토 to ト	툐 tyo トョ	투 tu トゥ	튜 tyu トュ	트 tu トゥ	티 ti ティ
	ㅍ p	파 pa パ	퍄 pya ピャ	퍼 po ポ	펴 pyo ピョ	포 po ポ	표 pyo ピョ	푸 pu プ	퓨 pyu ピュ	프 pu プ	피 pi ピ
	ㅊ ch	차 cha チャ	챠 chya チャ	처 cho チョ	쳐 chyo チョ	초 cho チョ	쵸 chyo チョ	추 chu チュ	츄 chyu チュ	츠 chu チュ	치 chi チ

※ㅎは子音（激音）ですが、よく使う文字なので基本子音として扱い、P.18、19のハングル一覧表に入れています。

濃音（子音）

平音を2つ重ねて作られた濃音。文字の前に小さい「ッ」をつけるような気持ちで発音します。息を出すのではなく、つまらせて飲み込むような感じで発音するのがコツ。濃音は語中にきても音は濁りません。

※この本では、濃音の読み仮名には「ッ」をつけて表記しています。原則として、「ㄱ、ㄷ、ㅂ、ㅅ、ㅈ」が前にくるときは「ッ」を省略しています。

「ㄲ」は日本語のカ行の[kk]、「까」は「まっか」の「ッカ」のように発音します。「ㄸ」は日本語のタ行の[tt]、「따」は「やった」の「ッタ」のように発音します。「ㅃ」は日本語のパ行の[pp]、「빠」は「はっぱ」の「ッパ」のように発音します。「ㅆ」は日本語のサ行の[ss]、「싸」は「とっさ」の「ッサ」のように発音します。「ㅉ」は[cch]、「짜」は「まっちゃ」の「ッチャ」のように発音します。

		ㅏ a	ㅑ ya	ㅓ o	ㅕ yo	ㅗ o	ㅛ yo	ㅜ u	ㅠ yu	ㅡ u	ㅣ i
	ㄲ kk	까 kka ッカ	꺄 kkya ッキャ	꺼 kko ッコ	껴 kkyo ッキョ	꼬 kko ッコ	꾜 kkyo ッキョ	꾸 kku ック	뀨 kkyu ッキュ	끄 kku ック	끼 kki ッキ
	ㄸ tt	따 tta ッタ	땨 ttya ッテャ	떠 tto ットゥ	뗘 ttyo ットョ	또 tto ット	뚀 ttyo ットョ	뚜 ttu ットゥ	뜌 ttyu ットゥ	뜨 ttu ットゥ	띠 tti ッティ
濃音	**ㅃ** pp	빠 ppa ッパ	뺘 ppya ッピャ	뻐 ppo ッポ	뼈 ppyo ッピョ	뽀 ppo ッポ	뾰 ppyo ッピョ	뿌 ppu ップ	쀼 ppyu ッピュ	쁘 ppu ップ	삐 ppi ッピ
	ㅆ ss	싸 ssa ッサ	쌰 ssya ッシャ	써 sso ッソ	쎠 ssyo ッショ	쏘 sso ッソ	쑈 ssyo ッショ	쑤 ssu ッス	쓔 ssyu ッシュ	쓰 ssu ッス	씨 ssi ッシ
	ㅉ cch	짜 ccha ッチャ	쨔 cchya ッチャ	쩌 ccho ッチョ	쪄 cchyo ッチョ	쪼 ccho ッチョ	쬬 cchyo ッチョ	쭈 cchu ッチュ	쮸 cchyu ッチュ	쯔 cchu ッチュ	찌 cchi ッチ

基本母音

パッチム

ハングルには、母音と子音の組み合わせの下に、さらに子音がくっついているものがあります。この最後の子音を「パッチム」といいます。パッチムは子音だけで発音するので、最初はちょっと難しく感じるかもしれませんが、いくつかルールがあるので覚えてしまいましょう。パッチムには、下に1つだけつくものと、2つつく二重パッチムがあります。

● パッチムが1つのパターン

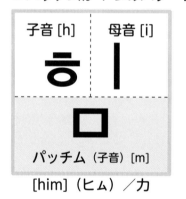

[him]（ヒム）／力

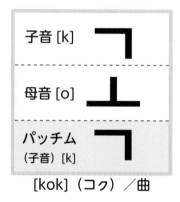

[kok]（コク）／曲

● パッチムが2つのパターン（二重パッチム）

[kap]（カプ）／価格

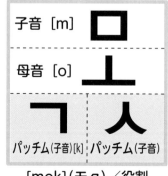

[mok]（モク）／役割

二重パッチムは基本的にはどちらか1つしか発音しません（発音のルールはP.25）。

パッチムの種類と発音

パッチムとして使われる子音はたくさんありますが、発音は下の7種類しかありません。同じ子音でも、パッチムになると通常の発音とは違ってくるものがあるので、注意しましょう。

発音	パッチムの字
ㅇ [ng]	ㅇ
ㄴ [n]	ㄴ
ㅁ [m]	ㅁ
ㄱ [k]	ㄱ ㅋ ㄲ
ㄷ [t]	ㄷ ㅌ ㅅ ㅆ ㅈ ㅊ ㅎ
ㅂ [p]	ㅂ ㅍ
ㄹ [l]	ㄹ

● 「ん」と発音するパッチム

O [ng]	口を開けたまま「ん」と発音します。最後に[g]をつけるようなつもりで、「グ」と発音する直前で止めます。	**공** [kong]（コン） ボール
ㄴ [n]	口は閉じずに、舌先を軽く噛むようにして発音します。「ナナナナ」と速く言った時に舌があたる部分に舌をあてるイメージです。	**문** [mun]（ムン） 門
ㅁ [m]	唇をしっかり閉じたまま、「む」と発音するようにして鼻から息を抜きます。	**밤** [pam]（パム） 夜

● その他の発音のパッチム

ㄱ [k]	口は閉じずに、喉にひっかかるような感じで舌先を引きます。백の発音は、「ペック」の「ク」を言わずに息を止めるようにします。	**백** [pek]（ペク） 百
ㄷ [t]	口を閉じずに、「タタタタ」と速く言った時に舌があたるところに舌をあてます。밑の発音は、「ミッタ」の「タ」を言わずに息を止めるようにします。	**밑** [mit]（ミッ） 下
ㅂ [p]	「ぷ」と発音するようなつもりで、素早く口を閉じます。집の発音は、「チップ」の「プ」を言わずに口を閉じて息を止めるようにします。	**집** [chip]（チプ） 家
ㄹ [l]	口を閉じずに、「ラララ」を速く言う時に舌があたるところに軽く舌をあてます。말の発音は、「マル」の最後の母音の「ウ」まで言わずに止めるイメージです。	**말** [mal]（マル） 馬

二重パッチムの発音

子音＋母音の下に、2つの子音がつく二重パッチムは、原則として左右どちら
かの子音のみを発音します。

左の子音を発音するパッチム

➡ ㄱㅅ [k]

ㄴㅈ、ㄴㅎ [n]

ㄹㅂ、ㄹㅅ、ㄹㅌ、ㄹㅎ [l]

ㅂㅅ [p]

例）<ruby>많<rt>マンタ</rt></ruby>다 「多い」
[manta]

<ruby>넓<rt>ノルタ</rt></ruby>다 「広い」
[nolta]

<ruby>없<rt>オプタ</rt></ruby>다 「ない」
[opta]

右の子音を発音するパッチム

➡ ㄹㄱ [k]

ㄹㅁ [m]

ㄹㅍ [p]

例）<ruby>닭<rt>タク</rt></ruby> 「鶏」
[tak]

<ruby>젊<rt>チョムタ</rt></ruby>다 「若い」
[chomta]

発音	パッチムの字
ㄴ [n]	ㄴㅈ ㄴㅎ
ㅁ [m]	ㄹㅁ
ㄱ [k]	ㄱㅅ ㄹㄱ
ㅂ [p]	ㅂㅅ ㄹㅍ
ㄹ [l]	ㄹㅂ ㄹㅅ ㄹㅌ ㄹㅎ

発音変化

韓国語は、文字が置かれている位置や、あとに続く文字によって発音が変化します。たくさんのルールがありますが、ここでは代表的なルールをご紹介します。

● 有声音化（濁音化）

子音のㄱ[k]、ㄷ[t]、ㅂ[p]、ㅈ[ch]の4つは、単語の頭にきた時はそのまま発音しますが、2文字目以降にくるとそれぞれ濁音の[g]、[d]、[b]、[j]になります。

コギ
고기 ➡ [kogi] 肉

ププ
부부 ➡ [pubu] 夫婦

チャジョンゴ
자전거 ➡ [chajongo] 自転車

● 連音化

パッチムのあとに無音子音の「ㅇ」がくると、パッチムの子音本来の発音を「ㅇ」のあとの母音とくっつけて発音します。

ウマク
음악 ➡ [umak] 音楽

맛있다 ➡ [masitta] おいしい

二重パッチムの場合は、左側の子音をパッチムとして発音し、右側の子音が連音化します。

オプソヨ
없어요 ➡ [opsoyo] ありません

ただし、「ㅇ」の前のパッチムが「ㅇ」の時は連音化しません。

영어 ➡ [yong-o] 英語
<small>ヨンオ</small>

강아지 ➡ [kang-agi] 子犬
<small>カンアジ</small>

● ㅎの弱化・無音化

パッチムのㅁ、ㄴ、ㅇ、ㄹのあとに子音のㅎが続くと、ㅎはとても弱く発音されるか、ほとんど発音されなくなります。また、ㅎのあとにㅇが続くと、ㅎは全く発音されなくなります。

弱化	**전화** ➡ 저놔 [chon(h)wa] 電話 （チョヌァ）	
	윤호 ➡ 유노 [yun(h)o] ユンホ（人の名前） （ユノ）	
無音化	**좋아요** ➡ 조아요 [choayo] いいです （チョアヨ）	
	괜찮아요 ➡ 괜차나요 [kuenchanayo] 大丈夫です （クェンチャナヨ）	

● 激音化

パッチムのㅎのあとに子音のㄱ、ㄷ、ㅂ、ㅈが続く場合や、パッチムのㄱ、ㄷ、ㅂ、ㅈのあとに子音のㅎが続く場合は、それぞれ、ㅋ、ㅌ、ㅍ、ㅊのように激音として発音します。

축하 ➡ 추카 [chuka] お祝い
<small>チュカ</small>

입학 ➡ 이팍 [ipak] 入学
<small>イパク</small>

좋다 ➡ 조타 [chota] よい
<small>チョタ</small>

● 鼻音化

いくつかのケースでは、パッチムの後ろに子音のㄴ、ㅁ、ㄹが続くと、パッチムの音が鼻音（3つの「ん」の音）に変化します。

パターン①

ㄱ[k]、ㄷ[t]、ㅂ[p]のつまる発音のパッチムのあとに、子音のㄴ、ㅁが続くと、パッチムの発音がそれぞれㅇ[ng]、ㄴ[n]、ㅁ[m]に変化します。

식물 ➡ 싱물 [singmul] 植物
（シンムル）

옛날 ➡ 옌날 [yennal] 昔
（イェンナル）

입니다 ➡ 임니다 [imnida] 〜です
（イムニダ）

パターン②

パッチムのㅇ[ng]、ㅁ[m]のあとに子音のㄹが続くと、子音のㄹの発音がㄴ[n]に変化します。

종로 ➡ 종노 [jong-no] 鐘路（ソウルの地名）
（チョンノ）

심리 ➡ 심니 [simni] 心理
（シムニ）

パターン③

ㄱ[k]、ㅂ[p]の発音のパッチムのあとに子音のㄹが続くと、パッチムのㄱ[k]はㅇ[ng]の発音に、ㅂ[p]はㅁ[m]の発音に、そして、子音のㄹはㄴ[n]の発音に変化します。

국립 ➡ 궁닙 [kungnip] 国立
（クンニプ）

입력 ➡ 임녁 [imnyok] 入力
（イムニョク）

● 濃音化

ㄱ[k]、ㄷ[t]、ㅂ[p]のつまる発音後のパッチム（ㅎを除く）の後ろに、子音のㄱ、ㄷ、ㅂ、ㅅ、ㅈが続くと、後ろの子音の発音がそれぞれ濃音のㄲ、ㄸ、ㅃ、ㅆ、ㅉの発音に変化します。

※じっさいの発音では、「ク、ッ、プ」などの後ろにある「ッ」は発音がむずかしいので、発音しなくても問題ありません。ここでは濃音化がわかりやすいように「ッ」を表記していますが、ほかのページでは原則として省略しています。

ハクッキョ
학교 ➡ 학꾜 [hak-kkyo] 学校

パッッタ
받다 ➡ 받따 [pat-tta] 受け取る

パクッサ
박사 ➡ 박싸 [pak-ssa] 博士

漢字語で、パッチムのㄹの後ろに子音のㄷ、ㅅ、ㅈが続くと、後ろの子音の発音がそれぞれ濃音のㄸ、ㅆ、ㅉに変化します。また、ルールに当てはまらないものでも、濃音化する単語があります。

ファルットン
활동 ➡ 활똥 [faltton] 活動

インッキ
인기 ➡ 인끼 [inkki] 人気

チョッコン
조건 ➡ 조껀 [chokkon] 条件

● 流音化

パッチムのㄴに続く子音がㄹ、または反対にパッチムのㄹに続く子音がㄴの時、ㄴ[n]はㄹ[r/l]の発音に変わります。

ソルラル
설날 ➡ 설랄 [solral] 正月（韓国では旧正月）

ヨルラク
연락 ➡ 열락 [yolrak] 連絡

必ず覚えたい数詞

韓国語の数詞には、日本語の「いち、に、さん」にあたる漢数詞と、「ひとつ、ふたつ、みっつ」にあたる固有数詞の2種類があり、何を表すかによって、どちらの数詞を使うか決まっています。

漢数詞

年月や金額、電話番号や住所、時間の分・秒、身長、体重などに使い、多くの場合、1、2、3などのアラビア数字で書き表します。

0	1	2	3	4	5
ヨン / コン	イル	イ	サム	サ	オ
영 / 공	일	이	삼	사	오
6	7	8	9	10	100
ユク	チル	パル	ク	シプ	ペク
육	칠	팔	구	십	백

＊0は数字としてはヨンですが、電話番号を伝える時の会話などではコンを使います。

● 二桁以上の数字

십일 11　**십이** 12　**십삼** 13　**십사** 14　**십오** 15 …

（シビル）（シビ）（シプサム）（シプサ）（シボ）

이십 20　**삼십** 30 …　**천** 1,000　**만** 10,000

（イシプ）（サムシプ）（チョン）（マン）

● 漢数詞につく単位

년 年　**월** 月　**일** 日　**분** 分　**초** 秒

（ニョン）（ウォル）（イル）（プン）（チョ）

원 ウォン　**층** 階　**번** 番　**회** 回　**개월** か月

（ウォン）（チュン）（ポン）（フェ）

（順番を表す時）

固有数詞

日本語の「ひとつ、ふたつ」にあたり、個数や人数を数える時に使います。コンサートなどのかけ声や、写真を撮る時の合図などに使うことも。100以上の表現はなく、100からは漢数詞を使用します。

1つ	2つ	3つ	4つ	5つ
ハナ	トゥル	セッ	ネッ	タソッ
하나	둘	셋	넷	다섯
6つ	7つ	8つ	9つ	10
ヨソッ	イルゴプ	ヨドル	アホプ	ヨル
여섯	일곱	여덟	아홉	열

● 二桁以上の数字

ヨラナ
열하나 11　ヨルトゥル **열둘** 12　ヨルセッ **열셋** 13　ヨルレッ **열넷** 14　ヨルタソッ **열다섯** 15 …

スムル
스물 20　ソルン **서른** 30　マフン **마흔** 40　シュィン **쉰** 50　イェスン **예순** 60　イルン **일흔** 70

● 固有数詞につく単位

ケ
개 個　ミョン **명** 名　シ **시** 時　シガン **시간** 時間

サル
살 歳　ボン **번** 番　チャン **장** 枚　テ **대** 台

（回数を数える時）

固有数詞のあとに単位がつくと、1、2、3、4、20は形が変わります。

ハナ ハン 　　トゥル トゥ 　　セッ セ 　　ネッ ネ 　　スムル スム
하나→한　둘→두　셋→세　넷→네　스물→스무

例) ハン シ **한 시** 1時　トゥ ミョン **두 명** 2名　スム サル **스무 살** 20歳

31

敬語とパンマル

韓国語には、敬語といわゆる "タメ口" にあたるパンマルなどがあり、
相手との関係や状況によって使い分けます。

● ハムニダ体

부탁합니다 「お願いします」　　고맙습니다 「ありがとうございます」

最もフォーマルな表現で、丁寧なあいさつや、仕事関係の場面などで使います。
きちんとあいさつしたい時、お礼を言いたい時などには日常会話でも使います。

● ヘヨ体

부탁해요 「お願いします」　　고마워요 「ありがとうございます」

親しみのある丁寧語で、日常会話で最も一般的に使います。
どんな相手にも使いやすいので、まずはここからマスターしましょう。

● ヘ体（パンマル）

부탁해 「お願いね」　　고마워 「ありがとう」

親しい間柄や目下の人に使うパンマル、いわゆる "タメ口" です。
ヘヨ体のヨを取った形になります。ドラマやK-POPの歌詞にはよく出てきます。

● ハンダ体

부탁한다 「お願いするよ」　　고맙다 「ありがとう」

作文など、主に書き言葉で使う、「〜だ」「である」などの言い切りの形です。
会話で使う時は、親しい間柄や目下の人に使う、最もフランクな言い方になります。

Chapter 2

韓流スターが よく言うフレーズ

コンサートやインスタライブで
スターがファンに向かって話す言葉が
一部でも理解できたら本当にうれしいもの。
丁寧な言葉が使われているので
そのまま暗記するフレーズとしてもぴったりです。

끝까지　즐겨　주세요.
ツクッカジ　チュルギョ　ジュセヨ

最後まで楽しんでください。

単語

끝 ツクッ	最後
까지 ッカジ	～まで
즐기다 チュルギダ	楽しむ

끝は「最後」、「終わり」などの意味で、映画の終わりに「끝」と表示されることも。끝까지のように組み合わせると「最後まで」となります。

こんな時に使います .*★

コンサートやイベントで必ずと言っていいほど、耳にするフレーズです。中でも「～まで」という意味の助詞「까지 (ッカジ)」は覚えておきましょう。スターのSNSなどでも「今日はここまで！」という意味の「오늘은 여기까지 (オヌルン ヨギッカジ)」や、「스포는 여기까지 (スポヌン ヨギッカジ) ／ネタバレはここまで！」といったフレーズがよく出てきます。ちなみにネタバレを意味する「스포 (スポ)」は英語のspoilerの略です。

文法の基本① 주세요「〜ください」

名詞＋주세요
（ジュセヨ）

「〜ください」という意味。

ショッピングやレストランなどでも大活躍する言い方です。

물 주세요.
（ムル）（チュセヨ）
水　くください。

맥주 주세요.
（メクチュ）（チュセヨ）
ビール　くださ い。

이것 주세요.
（イゴッ）（チュセヨ）
これ　くださ い。

動詞の語幹＋아/어 주세요
（ア）（オ）（ジュセヨ）

「〜してください」という意味。

「写真を撮ってください」など、お願いする時に使います。

動詞の語幹に아/어がつく時の活用はP.130参照。

여기서 기다려 주세요.
（ヨギソ）（キダリョ）（ジュセヨ）
ここで　待っていて　ください。

사진 찍어 주세요.
（サジン）（ッチゴ）（ジュセヨ）
写真　撮って　ください。

文法の基本② 까지「〜まで」（時間や場所などの制限）

까지
（ッカジ）

「〜まで」と、時間や場所などを制限する言い方です。

「最後まで」「今日まで」「4時まで」など、時間の制限をしたり、

「ソウルまで行きます」など、場所や空間について使ったりします。

오늘까지
（オヌルッカジ）
今日まで

4시까지
（ネシッカジ）
4時まで

서울까지 가요.
（ソウルッカジ）（カヨ）
ソウルまで　行きます。

ヨロブネ　　モスビ　　ノムナ　　モッチョヨ
여러분의 모습이 너무나 멋져요.

皆さんの姿がとてもすてきです。

単語

ヨロブン 여러분	皆さん
エ 의	〜の
モスブ 모습	姿
ノムナ 너무나	とても、あまりにも
モッチダ 멋지다	すてきだ、かっこいい

ノムナ　　　　　　　　　　　　　　　　　　　　　　　ノム
너무나はもともとは否定的な言葉とともに使う너무「あまりに」の強調。
ともに、「とても」をさらに強調したいときによく使います。

こんな時に使います ✦★

ここで使っている「멋지다 (モッチダ)」と同様の「素敵だ、かっこいい、立派だ」の意味を持つ言葉に「멋있다 (モシッタ)」があります。しいて違いを言えば「멋지다」は「멋있다」よりもさらに上をいく完璧な"素敵"を表現する時に使うことが多いようです。ちなみに顔や見た目がかっこいい時には、また別の「かっこいい」というフレーズの「잘 생겼다 (チャル センギョッタ)」を使うと相手から喜ばれます。

文法の基本① 　가/이「〜が」

名詞＋가（ガ）または이（イ）

「〜が」を表す助詞。

前の単語にパッチムがなければ가をつけます。

前の単語にパッチムがあれば이をつけて、パッチムの音に이の音をくっつけて読みます。

꽃이 예뻐요.
（ッコチ　イェッポヨ）
花が　きれいです。

음식이 맛있어요.
（ウムシギ　マシッソヨ）
食事が　おいしいです。

창민 씨가 멋있어요.
（チャンミン　ッシガ　モシッソヨ）
チャンミンさんが　かっこいいです。

文法の基本② 　아/어요「〜です」「〜ます」

用言の語幹＋아（ア）/어요（オヨ）

「〜です」「〜ます」という意味の基本的な表現。

用言（動詞や形容詞など）の語幹に아/어がつく時の活用はP.130参照。

このまま「?」をつけて、語尾を上げれば、疑問形にもなります。

괜찮아요.
（クェンチャナヨ）
大丈夫です。

괜찮아요?
（クェンチャナヨ）
大丈夫ですか？

맛있어요.
（マシッソヨ）
おいしいです。

맛있어요?
（マシッソヨ）
おいしいですか？

사람이 많아요.
（サラミ　マナヨ）
人が　たくさんいます。

사람이 많아요?
（サラミ　マナヨ）
人が　たくさんいますか？

アジュ　キップン　ソシギ　イッスムニダ

아주 기쁜 소식이 있습니다.

とてもうれしいニュースがあります。

単語

アジュ **아주**	とても
キップダ **기쁘다**	うれしい
ソシク **소식**	情報、ニュース、お知らせ
イッタ **있다**	ある、いる

アジュ　ノ　ム　ノ　ム　ナ
아주は너무、너무나などと同様に形容詞を強調。アジュ イェッポヨ 아주 예뻐요「とても
ノム　マシッッソヨ
きれいです」、너무 맛있어요「すごくおいしいです」などと使います。

こんな時に使います ✦★

「소식 (ソシク)」という単語は漢字で書くと「消息」。日本語では「消息がある／な
い」、「消息が途絶える」など少し堅苦しい言葉のように使われがちですが、「소식」
には「便り、音沙汰」という意味もあることから、韓国ではお知らせや情報、ニュー
スというニュアンスでも使われます。「소식이 있다 (ソシギ イッタ)」なら「便りが
ある」や「お知らせがある」などと訳されます。

文法の基本① ㄴ/은 ○○ 「〜な○○」

形容詞の語幹＋ㄴ/은＋名詞

形容詞で名詞を修飾する連体形です。

基本的に、기쁘다「うれしい」、예쁘다「かわいい、きれい」、싸다「安い」など

語幹にパッチムがない時はㄴを、

많다「多い」、젊다「若い」、같다「同じ」など

語幹にパッチムがある時は은をつけます。

イェップン オッ	マヌン サラム	チョルムン サラム
예쁜 옷	**많은 사람**	**젊은 사람**
かわいい 服	たくさんの 人	若い 人

カトゥン ゴル チュセヨ	ト ッサン ゴ オプソヨ
같은 걸 주세요.	**더 싼 거 없어요?**
同じ ものを ください。	もっと 安い ものは ないですか？

文法の基本② 있다「ある（いる）」、없다「ない（いない）」

있어요/없어요

있어요は「あります」または「います」、

없어요は「ありません」または「いません」という意味です。

チャリガ イッソヨ	ネ イッソヨ
자리가 있어요?	**네, 있어요.**
席は ありますか？	はい、 あります。

アニヨ オプソヨ	ピョガ オプソヨ
아니요, 없어요.	**표가 없어요.**
いいえ、 ありません。	チケットが ありません。

チグム ヨク アペ イッソヨ
지금 역 앞에 있어요.
今 駅 前に います。

오래 기다리셨어요?

オレ *キダリショッソヨ*

長くお待たせしましたか？

単語

오래 *オレ*	長く
기다리다 *キダリダ*	待つ

오래は「長く」という意味で、時間の長さを表します。오랜만이에요と
言えば、「お久しぶりです」という意味になります。

こんな時に使います

丁寧な言い方をする時は、語尾にヘヨ体を使います。コンサートなどでアーティ
ストがファンに向かって話す言葉は圧倒的に敬語が多いですね。ファンは「お客
様」ですから、自然と敬う表現になります。疑問形の場合は「〜でしたか？」とい
う意味の「셨어요？（ショッソヨ）」がよく使われるので、語尾をよく聞いて「오래
기다리셨어요？」と聞かれたら大きな声で「네（ネ）／はい」と答えましょう！

文法の基本① 았/었어요 「〜でした」「〜ました」(過去形)

用言の語幹＋았어요／었어요
（アッソヨ）（オッソヨ）

用言の語幹に아／어がつく時の活用 (P.130参照) に ㅆ어요をつけると、

「〜でした」「〜ました」という、過去形を表します。

このまま「?」をつけて、語尾の抑揚を上げれば、疑問形にもなります。

기다렸어요.
キダリョッソヨ
待ちました。

기다렸어요?
キダリョッソヨ
待ちましたか？

한국에 갔어요.
ハングゲ カッソヨ
韓国に 行きました。

한국에 갔어요?
ハングゲ カッソヨ
韓国に 行きましたか？

文法の基本② 시다 「〜なさる」(尊敬語)

用言の語幹＋(으)세요
（ウ）セヨ

尊敬を表す시다に、「です」「ます」などを表す어요をつけた形で、
シ ダ オ ヨ

「〜なさいます」という意味です。「〜なさってください」という意味にもなり、日常会話で

もよく使います。

前の用言 (動詞や形容詞など) の語幹が、パッチムなしの時は語幹にそのまま세요を、
セ ヨ

パッチムありの時は語幹に으세요をつけます。
ウ セ ヨ

過去形は셨어요、または으셨어요となります。
ショッソヨ ウ ショッソヨ

한국에 오세요.
ハングゲ オセヨ
韓国に いらっしゃいます (いらしてください)。

선물을 받으세요.
ソンムルル パドゥセヨ
プレゼントを 受け取られます (受け取ってください)。

손님이 기다리세요.
ソンニミ キダリセヨ
お客様が お待ちです。

일본에 오셨어요.
イルボネ オショッソヨ
日本に いらっしゃいました。

韓国語には日本語の「て、に、を、は」と同様、助詞があります。よく使う、基本的な助詞をまとめて覚えましょう。ただ、会話の中では省略されることもよくあります。

[는/은]「～は」

主体を表し、対照、強調などの意味があります。前の名詞の最後にパッチムがない時は는、パッチムがある時は은を使います。

저는 **야마다** **마오예요.**
ヌン
チョヌン　　ヤマダ　　　マオエヨ
私は　　　　山田　　　　真央です。

운동은 **잘해요.**
ウンドンウン　チャレヨ
運動は　　　よくできます。

[가/이]「～が」

前の名詞が文の主語であることを表します。前の名詞の最後にパッチムがない時には가、パッチムがある時には이をつけます。

사람이 **많아요.**
サラミ　　マナヨ
人が　　　多いです。

비가 **와요.**
ピガ　ワヨ
雨が　降ります。

ここに注意!

韓国語の1人称、2人称の単数は、助詞の가がつく時に変化します。

1人称単数 (丁寧)	チョヌン 저는 私は	チェガ 제가 私が
1人称単数 (パンマル)	ナヌン 나는 僕・私は	ネガ 내가 僕・私が
2人称単数 (パンマル)	ノヌン 너는 君・あなたは	ネ(ニ)ガ 네가 君・あなたが

※1　韓国語には、2人称の丁寧語にあたるちょうどよい言葉がなく相手の名前や役職、関係性などで呼ぶことがほとんどです(P.72参照)。
※2　2人称の네가は発音が1人称の내가と似ているため、よくニガと発音されたりします。

複数の場合は変化しません。

1人称複数 (丁寧)	チョイヌン 저희는 私たち (ども) は	チョイガ 저희가 私たち (ども) は
1人称複数 (パンマル)	ウリヌン 우리는 私たちは	ウリガ 우리가 私たちが

[를/을] 「～を」

目的を表します。前の名詞の最後にパッチムなしの場合は를、パッチムありの場合は을をつけます。注意したいのは를 만나다 「～に会う」という表現。日本語だと「～に」を使いますが、韓国語だと를/을を使い、「～を会う」というような言い方になります。

음악을 들어요.
音楽を　聴きます。

갈비를 먹어요.
カルビを　食べます。

친구를 만났어요.
友達に　会いました。

[(으)로] 「～で」

主に手段、方法を表します。方角や資格、理由などを表す場合も。前の名詞の最後にパッチムがない時、またはパッチムがㄹの時は로、パッチムがある時は으로をつけます。

한국말로 이야기해요.
韓国語で　話します。

버스로 왔어요.
バスで　来ました。

이쪽으로 오세요.
こちらの方に　いらしてください。

[에] 「～に」

時間や場所を表す名詞について「～に」という意味になります。パッチムあり、なしには関係なくそのままつけます。

내일 아침 열 시에 만나요.
明日の　朝　10　時に　会います。

한국에 친구가 있어요.
韓国に　友達が　います。

원하시는 거 있으세요?
ウォナシヌン　　ゴ　イッスセヨ

リクエストありますか？

単語

원하다 ウォナダ	望む、希望する
거 ゴ	もの、こと

거は「もの」「こと」などを表す것(ゴッ)の省略形で、話し言葉でよく使われます。원하시다(ウォナシダ)は원하다(ウォナダ)の丁寧表現、있으세요?(イッスセヨ)は있어요?(イッソヨ)「ありますか？」の丁寧表現です(P.41文法の基本②参照)。

こんな時に使います ✨⭐

「것(ゴッ)」は会話ではパッチムが抜けて「거(ゴ)」となることがほとんどです。また「것」に助詞の「이(イ)／～が」がつくと「것이(ゴシ)」となりますが、これも縮約されると「게(ゲ)」となります。同様に「이것이(イゴシ)／これが」は「이게(イゲ)」、「그것이(クゴシ)／それが」は「그게(クゲ)」となります。

\\ マスターしたい！ //

文法の基本① 는 ○○「～する (している) ○○」

動詞の語幹＋는（ヌン）＋名詞

動詞で名詞を修飾する連体形です。動詞は現在進行していることを表し、

名詞の部分に거（ゴ）を入れれば、

「～すること」「～していること」という意味になります。

「付き合っている人がいます」「何をお望みですか」などの言い方は、

ドラマなどにもよく出てくるフレーズです。

원하는 거	좋아하는 거
ウォナヌン　　ゴ	チョアハヌン　　ゴ
望む (欲しい)　もの、望む　こと	好む (好きな)　こと

제가 좋아하는 곡이에요.
チェガ　　チョアハヌン　　　　コギエヨ
私が　　好む (好きな)　　　　曲です。

만나는 사람이 있어요.
マンナヌン　　　サラミ　　　イッソヨ
会っている　　　人が　　　います。　→付き合っている人がいます。

원하는 게 뭐예요?
ウォナヌン　　ゲ　ムォエヨ
望む　　ことは　何ですか？　→何をお望みですか？

動詞の語幹＋ㄴ（ン）/은（ウン）＋名詞

同様に動詞で名詞を修飾する連体形です。動詞は過去を表し、「～した」という意味になり

ます。形容詞の連体形はP.39、動詞の連体形の未来形はP.91で紹介しています。

動詞の語幹の最後がパッチムなしの時はㄴ、

パッチムありの時は은をつけます。

어제 만난 사람	같이 찍은 사진
オジェ　マンナン　サラム	カチ　　ッチグン　　サジン
昨日　　会った　　人	一緒に　撮った　　写真

45

ヨロブン　　　ミドゥショド　　トゥエムニダ
여러분, 믿으셔도 됩니다.

皆さん、信じても大丈夫です。

単語

ミッタ **믿다**	信じる
ド **도**	も
トゥエダ **되다**	していい、できる、なる

ド　　　　　　　　　　　　　　　　　　ナ　ド
도は「〜も」という意味で、나도と言えば、「私も」という意味に。詳し
い使い方はP.103で紹介しています。また、フォーマルな敬語、ㅂ/
スムニダ
습니다についてはP.51参照。

こんな時に使います ⋰★

「믿으셔도 됩니다」はMCだけでなくテレビのバラエティ番組や通販番組などで
もよく聞くフレーズです。「皆さんの期待を裏切りませんよ」という自信を表した
フレーズなのです。韓国では「믿고 듣는 ○○ (ミッコ　トゥンヌン　○○) ／信じ
て聞く○○」「믿고 보는 ○○ (ミッコ　ポヌン　○○) ／信じて見る○○」などの
フレーズもよく目にします。「○○なら間違いない」というニュアンスでアーティス
ト名や俳優名を入れて使われます。

\\ マスターしたい！ //

文法の基本① 도 돼요「〜してもいいです」（許可）

用言の語幹＋아／어도 돼요
（ア）（オド）（トゥェヨ）

「〜してもいいです」という許可を表す表現。

用言の語幹に아／어がつく時の活用はP.130参照。

文の最後に「？」をつけて、抑揚を上げれば、

「〜してもいいですか？」と許可を求める表現になります。

앉아도 돼요.
（アンジャド）（トゥェヨ）
座っても　　いいです。

입어 봐도 돼요.
（イボ）（ボァド）（トゥェヨ）
着て　　みても　いいですよ。

같이 사진을 찍어도 돼요?
（カチ）（サジヌル）（ッチゴド）（トゥェヨ）
一緒に　写真を　撮っても　いいですか？

여기 앉아도 돼요?
（ヨギ）（アンジャド）（トゥェヨ）
ここに　座っても　いいですか？

→네, 앉으세요.
（ネ）（アンジュセヨ）
はい、　座ってください。

그럼요.
（クロムニョ）
もちろんです。

아니요, 안 돼요.
（アニヨ）（アン）（ドゥェヨ）
いいえ、　　だめです。

기대하셔도 됩니다.
（キデハショド）（トゥェムニダ）
期待なさっても　　いいです。　→期待してください。

クロム　タシ　ハルケヨ
그럼 다시 할게요.

〜〜〜〜〜〜〜〜〜〜〜〜〜〜〜〜〜〜〜〜〜〜

では、もう一度やりますね。

単語

クロム **그럼**	それでは、そうしたら
タシ **다시**	また、再び、もう一度
ハダ **하다**	する

クロム　クロミョン
그럼은그러면の省略形で、「それでは」「それなら」などの意味。話題を
転換する時などにもよく使います。

こんな時に使います

「それでは」という意味の「그럼」。コンサートやファンミーティング、動画配信などの最後によく聞くフレーズが「그럼 이만（クロム イマン）」です。「이만（イマン）」は「このへんで」という意味で、直訳すると「それではこのへんで」。そのあとに続くのはたいてい「안녕（アンニョン）」などのお別れの言葉です。カジュアルに「じゃあね」と言う時にも使います。

\\ マスターしたい！//

文法の基本① ㄹ／을게요「〜します」（意志）

動詞の語幹＋ㄹ／을게요
（ル）（ウルケヨ）

「〜します」と自分の意志を伝える表現で、やわらかい言い方です。

これから何かをしますという意志を伝えたり、約束をする時などにもよく使う表現です。

パッチムがない時は、ㄹ게요を

動詞の語幹の最後にパッチムがある時は、을게요をつけます。

チェガ 제가	ハルケヨ 할게요.	ヨギ 여기	イッスルケヨ 있을게요.	ムンチャ 문자	ポネルケヨ 보낼게요.
私が	やります。	ここに	いますね。	メッセージ	送りますね。

チェガ 제가	サルケヨ 살게요.	ネイル 내일	アホプシエ 9시에	カルケヨ 갈게요.
私が	買います。→私がごちそうします。	明日	9時に	行きます。

\\ マスターしたい！//

文法の基本② 다시、또「また」

다시、또
（タシ）（ット）

どちらも「また」、「再び」という意味ですが、

다시は"改めてもう一回"というニュアンスで使い、

「もう一回」と明確に言いたい時は、다시 한번と言います。
（タシ ハンボン）

또は"さらに"というニュアンスで使います。

タシ 다시	ハンボン 한번	マラルケヨ 말할게요.		タシ 다시	シジャケヨ 시작해요.
もう	一回	言います。		もう一度	始めます（始めましょう）。

イェッポヨ 예뻐요.	ット 또	ソンキョクト 성격도	チョアヨ 좋아요.
かわいいです。	さらに	性格も	よいです。

ット 또	シジャギネ 시작이네.
また	始まったよ。（あきれた時など）

49

_{チュェソヌル} _{タハゲッスムニダ}
최선을 다하겠습니다.

最善を尽くします。

単語

_{チュェソン}**최선**	最善
_{タ ハ ダ}**다하다**	尽くす

_{タ ハ ダ}다하다は「尽くす」という意味。_{チュェソヌル タ ハ ダ}최선을 다하다「最善を尽くす」、_{ヒ ム ル}힘을 _{タ ハ ダ}다하다「力を尽くす」、_{チェギムル タ ハ ダ}책임을 다하다「責任を果たす」などの使い方をします。

こんな時に使います

「一生懸命がんばります」という意味でよく使われるフレーズが「최선을 다하겠습니다（チェソヌル タハゲッスムニダ）」です。「최선」は漢字の「最善」をハングルにした言葉。感情表現が豊かな韓国人らしいフレーズで、ドラマにもよく登場します。日本人にはちょっとオーバーに聞こえるかもしれませんが、大げさに表現しないと相手にわかってもらえないというお国柄のせいかもしれません。「これがベストですか？」という時にも「이것이 최선이에요？（イゴシ チュェソニエヨ）／これが最善ですか？」という表現が使われます。

文法の基本① ㅂ/습니다「〜です」「〜ます」(フォーマルな丁寧形)

用言の語幹＋ㅂ/습^{ムニダ}니다

「〜です」「〜ます」という意味で、아/어요^{ア オ ヨ}よりもフォーマルな言い方です。

ビジネスの場面や、日常会話でもちょっと改まって言う時などに使います。

動詞や形容詞などの語幹の最後がパッチムなしの時はㅂ니다を

パッチムありの時は습니다をつけます。

먹^{モクスムニダ}습니다．　　　지^{チグ}금 좀^{チョム} 바^{パップムニダ}쁩니다．

食べます。　　　　　今　　ちょっと　　忙しいです。

감^{カムサハムニダ}사합니다．　　　죄^{チュェソンハムニダ}송합니다．

ありがとうございます。　　　すみません。（申し訳ありません。）

文法の基本② 겠다（意志・推測）

用言の語幹＋겠^{ゲッスムニダ}습니다/겠^{ゲッソヨ}어요

未来形で、「〜します」「〜するつもりです」という意志や、「〜だろう」という推測を表します。パッチムあり、なしに関係なく、用言の語幹にそのままつければOK。

열^{ヨルシミ}심히 공^{コンプハゲッスムニダ}부하겠습니다．

一生懸命　　　　　勉強します。

제^{チェガ}가 하^{ハゲッソヨ}겠어요．　　　잘^{チャル} 먹^{モッケッスムニダ}겠습니다．

私が　　やります。　　　よく　　食べます。　　→いただきます。

사^{サラミ}람이 많^{マンケッソヨ}겠어요．

人が　　多いでしょう。

みんしるは見た！ スター㊙エピソード

　ドラマ「冬のソナタ」が社会現象になったころから、私はラジオDJのかたわら本格的に韓流イベントMCのお仕事を始めました。現在に至るまで、本当に数えきれないほどの韓流スターとお仕事をさせていただきましたが、その中でも特に思い出深いのが俳優のイ・ビョンホンさんです。済州島で行われたファンミーティングでのこと。ビョンホンさんの撮影の仕事が長引いたため、昼から予定していたリハーサルは始められず、ビョンホンさんが到着したのは夜になってから。それでもビョンホンさんは撮影の疲れを全く見せず、細かい打ち合わせをして長時間のリハーサルを行いました。押しも押されもせぬトップ俳優になっても、変わらぬ仕事への情熱と誠実さを強く感じたものです。

　また私が今までで一番多くMCをさせていただいている東方神起さんも、仕事に対するまっすぐな姿勢がトップスターになっても全く変わらない人たちです。日本でのイベントはすべて日本語で通す2人ですが、日本語がなかなか出てこないと「日本語がうまく言えなくてすみません」と申し訳なさそうに声をかけてくれます。そんな時はいつも「どんな言葉でもしっかり拾いますから、心配せずに任せてください！」と伝えていました。リハーサルでの2人の姿はいつも楽しみな

がらも真剣そのもので、特に歌とダンスに関しては本番さながらの熱量でリハーサルに臨みます。それがたった1曲だったとしても、ファンのために最善を尽くす2人の姿にはいつも胸を熱くさせられます。

　ほかにも、●時代劇「不滅の恋人」での悪役が印象的だったチュ・サンウクさん。長年MCをさせていただいている俳優さんです。サンウクさんはおしゃべりが大好きな方で自虐ネタもよく飛び出すので、ファンミーティングはいつも笑いが絶えません。●「ストーブリーグ」でトップ俳優の地位を確実なものにしたナムグン・ミンさんもやはりトークが楽しい方です。独特な話し方が一度聞くと癖になってしまう、不思議な魅力の持ち主です。●「ビッグ」の出演後に日本でファンミーティングを開催したコン・ユさんは、時折見え隠れする少年っぽさが魅力的な人。●「サイコだけど大丈夫」でおなじみのキム・スヒョンさん。何が飛び出すかわからないおもしろさを秘めた人で、ドラマとのギャップが忘れられません。●映画「君の結婚式」のキム・ヨングァンさん。9頭身スタイルのカッコよさなのに、笑うとキュッと口角が上がるかわいい笑顔がたまりません。このほかにもお仕事をさせていただいた韓流スターは大勢いますが、皆さん本当にサービス精神旺盛でファンのために一生懸命がんばってくれる人たちばかり。そんな姿が少しでもファンの皆さんに届くように、日々MCの仕事をがんばる私なのです。

マヌン　サラン グァ　クァンシム　ブタク トゥリムニダ
많은 사랑과 관심 부탁드립니다.

たくさんの愛と関心をお願いします。

単語

많다 マンタ	多い、たくさんだ
사랑 サラン	愛、愛情
관심 クァンシム	関心
부탁하다 ブタカダ	頼む、お願いする
드리다 トゥリダ	差し上げる、申し上げる

「愛、愛情」を意味する사랑は、「~する」という意味の하다をつけて
사랑하다とすれば、「愛する」という意味の動詞に。反対に、부탁하다は、
하다を取れば、부탁「頼み」「お願い」などの意味の名詞になります。

こんな時に使います

このフレーズは、新作ドラマのPRやアルバムリリースを迎えた時などにスターや
アーティストがよく使うフレーズNO.1と言える表現です。日本での「応援よろし
くお願いします」のような感覚で使われます。ちなみに最近はこのフレーズを略
した「많관부（マンクァンブ）」という言葉がSNSで流行りつつあります。ファン
が推しのスターを周りの人にPRする時などにも使うようです。

文法の基本① 와/과・하고「〜と」

名詞＋와/과・하고
（ワ）（クァ）（ハゴ）

「〜と」という意味。2つの名詞を並列したり、「〜と一緒に」を表す時に使います。

前の単語にパッチムがない時には와（ワ）、パッチムがある時には과（クァ）を使います。

同じ意味で、하고（ハゴ）も話し言葉でよく使います。こちらはパッチムあり、

なしの区別がなく使いやすいので、一緒に覚えてしまいましょう！

어머니와 아버지
（オモニ）（ワ）（アボジ）
お母さん　と　お父さん

사랑과 전쟁
（サラン）（グァ）（チョンジェン）
愛　と　戦争

친구와 같이 가요.
（チング）（ワ）（カチ）（カヨ）
友達　と　一緒に　行きます。

맥주하고 소주 주세요.
（メクチュ）（ハゴ）（ソジュ）（ジュセヨ）
ビール　と　焼酎を　ください。

文法の基本② 드리다「差し上げる、申し上げる」（謙譲語）

부탁드립니다
（プタク）（トゥリムニダ）

드립니다は、「〜いたします」「〜して差し上げます」という謙譲語です。

부탁드립니다（プタクトゥリムニダ）は「お願いいたします」という意味で、よく使うので覚えてしまいましょう。

下のフレーズは、最初が最も丁寧な表現、次第にカジュアルな表現になります。

잘 부탁드리겠습니다.
（チャル）（プタク）（トゥリゲッスムニダ）
よろしくお願い申し上げます。

잘 부탁드립니다.
（チャル）（プタク）（トゥリムニダ）
よろしくお願いいたします。

잘 부탁해요.
（チャル）（プタケヨ）
お願いします（ね）。

잘 부탁해.
（チャル）（プタケ）
よろしく。

ヨロブンドゥルル　ポル　ス　イッソソ　ヘンボカムニダ
여러분들을 볼 수 있어서 행복합니다.

皆さんに会えて幸せです。

単語

ポダ 보다	見る、会う
ヘンボカダ 행복하다	幸せだ

ルル　ウル　ポダ
를／을 보다で「〜を見る」という意味に（助詞の使い方はP.43参照）。
また、보다は、「会う」という意味で使うことも。또 봐요と言えば、「ま
ット　ブァヨ
た会いましょう」という意味になります。

こんな時に使います

韓国では日本以上に「행복（ヘンボク）」という言葉をよく使います。漢字にする
と「幸福」で、韓国ではこの言葉を使って幸せやうれしさを表現することが多い
ため、よく聞く単語です。ファンに会った時は「만나서 행복해요（マンナソ ヘン
ボケヨ）／お会いできてうれしいです」、お別れする時は「항상 행복하세요（ハン
サン ヘンボカセヨ）／いつもお幸せに」が、スターからの決まり文句です。

文法の基本① ㄹ/을 수 있다「～できる」

動詞の語幹＋ㄹ/을 수 있어요

「～できます」という言い方です。

動詞の語幹の最後がパッチムなしの時はㄹ 수 있어요

パッチムありの時は을 수 있어요となります。

～ㄹ/을 수 없어요と言えば、「できません」という否定の意味になります。

할 수 있어요.
できます。

할 수 없어요.
できません。

갈 수 있어요.
行けます。

다 먹을 수 있어요?
全部　　　　食べられますか？

이거 받을 수 없어요.
これは　　　　受け取れません。

文法の基本② 아/어서「～して」「～なので」（動作の先行、理由）

用言の語幹＋아/어서

「～して（…する）」のように、前の動作が後ろの文に先行することや、

「～なので（…する）」のように、前の動作が後ろの文の理由になることを表します。

用言の語幹に아／어がつく時の活用はP.130参照。

친구를 볼 수 있어서 기뻐요.
友達に　　　会えて　　　　　うれしいです。

걱정돼서 그래요.
心配だから　そうなんです。→心配だからですよ。

비가 와서 갈 수 없었어요.
雨が　降ったので　　行けませんでした。

만나서 이야기했어요.
会って　　　話をしました。

식당에 가서 저녁을 먹어요.
食堂に　行って　夕食を　食べます。

> ヨロブネ　　　　　ウンウォニ　　　ヒミ　　　トゥェムニダ
> # 여러분의 응원이 힘이 됩니다.
>
> 皆さんの応援が力になります。

単語	
ウンウォン 응원	応援
ヒム 힘	力

ウンウォン
응원は「応援」という意味の名詞ですが、動作を表す하다をつけて、
ウンウォネヨ
응원해요〜!などと言えば、「応援してます〜!」という意味に。大好き
な芸能人などに伝えたいですね。

こんな時に使います

「힘이 되다 (ヒミ トゥェダ) ／力になる」のほかにも、韓国語にはたくさんの「힘 (ヒ
ム) ／力」を使った慣用句があります。一番身近なのは「힘 내! (ヒム ネ!) ／が
んばって、元気出して」ではないでしょうか。原形となる「힘을 내다 (ヒムム ネ
ダ)」は直訳すると「力を出す」。つまりがんばるにも元気になるにも、一番の源は
「力」というわけです。がんばっている人や、元気がない人には一言「힘 내세요 (ヒ
ム ネセヨ)」と声をかけてあげましょう。

文法の基本① 가 / 이 되다「〜になる」

名詞＋가 / 이 돼요
（ガ）（イ）（トゥエヨ）

「〜になります」という意味です。가 / 이 됩니다と言えば、さらに丁寧な言い方に。
（ガ）（イ）（トゥエムニダ）

힘이 돼요.
（ヒミ）（トゥエヨ）
力に　なります。

힘이 됩니다.
（ヒミ）（トゥエムニダ）
力に　なります (さらに丁寧な言い方)。

도움이 돼요.
（トゥミ）（トゥエヨ）
助けに　なります。

걱정이 돼서 왔어요.
（コクチョンイ）（トゥエソ）（ワッソヨ）
心配に　なって　きました。

미소 씨와 친구가 됐어요.
（ミソ）（ッシワ）（チング）（ガ）（トゥェッソヨ）
ミソさんと　　　　友達になりました。

가수가 되고 싶어요.
（カスガ）（トゥエゴ）（シポヨ）
歌手に　　　なりたいです。

되다はさまざまな使い方をする動詞です。受け身を表したり、

動詞の語幹に게をつけて副詞化し、되다をつけることで、

「〜するようになる」という、状態や動作の変化を表したりもします。

また、単に됐어요と言うと、

何かを達成した時などに使えば「〜ができました」という意味になりますし、

相手の提案などに対して「結構です」と拒絶する意味にもなります。

加えて、「許可」(P.47参照)、「義務」(P.113参照) などの使い方があります。

기대가 돼요.
（キデガ）（トゥエヨ）
期待されます。　→楽しみです。

결정됐어요.
（キョルチョントゥエッソヨ）
決定されました。　→決まりました。

우연히 알게 됐어요.
（ウヨニ）（アルゲ）（トゥェッソヨ）
偶然　知ることに　なりました。→知りました。

일본에 가게 됐어요.
（イルボネ）（カゲ）（トゥェッソヨ）
日本に　行くことに　なりました。

> <ruby>우리<rt>ウリ</rt></ruby> <ruby>오프라인에서도<rt>オプライネソド</rt></ruby> <ruby>만나요<rt>マンナヨ</rt></ruby>.
>
> 私たち、オフラインでも会いましょうね。

単語

<ruby>우리<rt>ウリ</rt></ruby>	私たち、私たちの
<ruby>오프라인<rt>オプライン</rt></ruby>	オフライン
<ruby>에서<rt>エソ</rt></ruby>	〜で
<ruby>만나다<rt>マンナダ</rt></ruby>	会う

<ruby>우리<rt>ウリ</rt></ruby>は「私たち、私たちの」という意味ですが、韓国独特の使い方も。
<ruby>우리<rt>ウリ</rt></ruby> <ruby>어머니<rt>オモニ</rt></ruby>「うちのお母さん」、<ruby>우리<rt>ウリ</rt></ruby> <ruby>팬분들<rt>ペンブンドゥル</rt></ruby>「僕たちのファンの皆さん」
など、自分にとって身近だったり、大切なものに対して使います。

こんな時に使います

以前から韓国ではよく使われていた言葉が「오프라인（オプライン）／オフライン」。
対になる言葉はオンラインです。新型コロナウイルスの影響でエンタメの世界も
変わり、オンラインでのイベントがふえました。それに対してオフラインというの
は、画面越しではなく対面で行うイベントやコンサートのこと。今はオンラインで
しか会えないけれど、次はいつものように直接お会いしましょう、というアーティ
ストや俳優がふえており、新たなあいさつフレーズの一つになりつつあります。

\\ マスターしたい！ //

文法の基本① 에서「〜で」

에서
_{エソ}

에서は場所を表す名詞につく助詞で、「〜で」という意味です。

「〜も」という意味の도をつけた에서도は、「〜でも」という意味になります。

학교에서 배웠어요.
_{ハッキョエソ} _{ペウォッソヨ}

学校で　習いました。

집에서 밥 먹어요.
_{チベソ} _{パム} _{モゴヨ}

家で　ご飯を　食べます。

\\ マスターしたい！ //

文法の基本② 「〜しましょう」のバリエーション

動詞の語幹＋아/어(요)
_ア _{オ(ヨ)}

「〜です」「〜ます」を表す아요／어요は「〜しましょう」と言う時にも使えます。

語尾は同じで、前に우리(私たち)や같이(一緒に)などをつけることも多いようです。

아／어요の요を取れば、パンマル(いわゆるタメ口)になります。

우리 또 만나요.
_{ウリ} _{ット} _{マンナヨ}

私たち　また　会いましょう。

같이 가요.
_{カチ} _{ガヨ}

一緒に　行きましょう。

같이 가.
_{カチ} _ガ

一緒に　行こう。

動詞の語幹＋ㅂ/읍시다
_プ _{ウプシダ}

動詞の語幹＋자

動詞の語幹にㅂ/읍시다をつけると、「〜しましょう」のフォーマルな言い方に。

ただし、目上の人には使えないので注意。語幹の最後にパッチムなしの時はㅂ시다、

パッチムありの時は읍시다をつけます。また、動詞の語幹に자をつけると、

「〜しよう」という語尾のはっきりした言い方のパンマルになります。

열심히 합시다.
_{ヨルシミ} _{ハプシダ}

一生懸命　やりましょう。

가자.
_{カジャ}

行こう。

자

さあ

소리 질러!

叫べ！

소리 (ソリ) ／音、声、言葉　지르다 (チルダ) ／上げる、起こす、叫ぶ

하나, 둘, 셋!

1、2、3！

에헤이

ちょっと〜

＊「え〜」「またまた〜」「ちょっと (待ってよ〜)」と反応したい時に登場するフレーズ。

감동 받았어요.

感動しました。

감동 (カムドン) ／感動　받다 (パッタ) ／受け取る、受ける

＊「感動しました」の一番ストレートな言い方は「감동했어요 (カムドンヘッソヨ)」ですが、そのほかにも感動を「받았다 (パダッタ) ／もらった」という表現や、「이에요 (イエヨ) ／〜です」をつけて「감동이에요 (カムドンイエヨ) ／感動です」などの表現があります。

보고 싶었어요.

会いたかったです。

보다 (ポダ) ／見る

＊アーティストやスターが久しぶりのイベントなどでファンに向けて必ずと言っていいほど発するフレーズ。使い方しだいでは「(何かを) 見たかった」という意味になり、「この映画観たかったんです」は「이 영화 보고 싶었어요 (イ ヨンファ ポゴ シポッソヨ)」となります。

다 같이
タ　ガチ

みんな一緒に

다 (タ) ／すべて、全部、みんな　같이 (カチ) ／一緒に

이만 인사드리겠습니다.
イマン　インサドゥリゲッスムニダ

このへんでごあいさつといたします。

이만 (イマン) ／これで、この辺で　인사 (インサ) ／あいさつ

드리다 (トゥリダ) ／差し上げる

＊コンサートなどで最後の曲紹介の時によく聞くフレーズ。「이곡을 마지막으로 인사드리겠습니다 (イコグル　マジマグロ　インサドゥリゲッスムニダ) ／この曲を最後にごあいさついたします」、つまり「この曲をもって最後のあいさつとします」という意味です。

잘 지내셨어요?
チャル　チネショッソヨ

お元気でしたか？

잘 (チャル) ／よく、正しく、うまく　지내다 (チネダ) ／過ごす

＊普段のあいさつでもよく使うフレーズ。直訳すると「よく過ごされましたか？」となり、久しぶりに会った人にはたいていこう言います。

잘 보이세요?
チャル　ポイセヨ

よく見えますか？

보이다 (ポイダ) ／見える

영광입니다.
ヨングァンイムニダ

光栄です。

영광 (ヨングァン) ／光栄

動画で韓国語耳を作る

韓 流スターの推しの話す言葉をわかるようになりたい、と韓国語を学んでいるけれど、そんな日が本当に来るのかなあ……。とめげている初心者の皆さんに、MCを聞き取れるようになるためのワンポイントアドバイスをお伝えしましょう。

　それは、音として単語を聞き取る力をつけることです。字を見れば読めるし意味がわかるというだけでは不十分。会話の中でその単語を聞き取れる、単語をキャッチできる耳を作らねばなりません。そのためには、実際のトークを何度も繰り返し聞いてみましょう。YouTubeやV LIVEなど、手軽に見て聞けるツールを最大限活用してください。推しをうっとりながめているだけではいけません (笑)。集中して聞くと、話すスピードやよく登場する言葉、話の「間」など、話し方のくせがつかめるようになります。東方神起のユンホさんの話し言葉はシンプルで一文が短め、区切るポイントも明確。「요 (ヨ)」や「니다 (ニダ)」などの語尾の音が耳に残ります。一方、チャンミンさんは区切りなく音が伸びることが多く、文章をどんどんつなげて話すタイプなので、接続する語尾「〜는데 (ヌンデ) ／〜ですが」という言葉が耳に残ります。推しの話し方のくせをつかむことで、少しずつですが内容への理解も深まるはずです。まだ聞き取りは難しいと感じるなら、韓国語の字幕付き動画を使ってその字幕を書き起こしてみましょう。目で確認しながら何度も聞き返すことで、よく使っている言葉やフレーズが耳にインプットされます。MCが一部分でも聞き取れるようになったら、さらにがんばれるはず。普段から少しだけ意識を変えるよう心がけましょう。

Chapter 3

韓流ドラマの
おなじみフレーズ

ドラマは日常会話に使える表現の宝庫。
一度は聞いたことがあるフレーズを例にして
韓国語の基本を学んでいきましょう。
おなじみの例文と一緒に覚えた知識なら忘れません。

_{ノム} _{クングメ} _{チュッケッソ}
너무 궁금해 죽겠어.

～～～～～～～～～～～～～～～～～～～～～～～～

気になってしょうがないよ。

単語

_{クングマダ} 궁금하다	気になる、知りたい
_{チュクタ} 죽다	死ぬ

_{クングマダ}
궁금하다は「気になる」「知りたい」などの意味で、ドラマや歌詞などによく出てくる単語です。_{ノム} _{クングメヨ}너무 궁금해요「すごく気になります」とだけ言ったりもします。

こんな時に使います ✦★

「～でたまらない」という意味の「죽겠어요 (チュッケッソヨ)」はドラマや映画ではおなじみのフレーズです。「死ぬ」という言葉を使うのは、喜怒哀楽をストレートに表す韓国人ならではの表現といえそうです。直訳すると「殺す」という意味の「죽인다! (チュギンダ)」は「すごい！最高！」という表現でよく使われます。例えば「ラーメンがおいしすぎる！」は「라면 진짜 죽인다 (ラミョン チンッチャ チュギンダ)」、「スタイル最高！」なら「스타일 죽인다 (スタイル チュギンダ)」などと表現します。もし言われてもこわがらずに。

文法の基本① 아/어 (カジュアル表現・パンマル)

用言の語幹＋아/어
（ア）（オ）

文末につける아/어요「～です」「～ます」の요を取った形で、

ごく親しい間柄や子どもなどに対して使うカジュアルな表現、パンマルです。

아/어요体と同様、話す時の状況や抑揚によって、

疑問や勧誘、命令など、さまざまな意味を持ちます。

ドラマではよく登場しますが、初対面や目上の人に使うのは失礼なので注意しましょう。

用言の語幹に아/어がつく時の活用はP.130参照。

같이 사진 찍어.
（カチ）（サジン）（ッチゴ）
一緒に　写真　撮ろう。

밥 먹었어?
（パム）（モゴッソ）
ご飯　食べた？

내가 널 믿어.
（ネガ）（ノル）（ミド）
僕が　君を　信じるよ。

文法の基本② 아/어 죽겠어(요) 「～でたまらない (です)」

用言の語幹＋아/어 죽겠어(요)
（ア）（オ）（チュッケッソ（ヨ））

죽겠어요は直訳すると「死にそうです」という意味ですが、
（チュッケッソヨ）

韓国では「～で死にそうです」「～で大変です」「～でたまりません」

などの意味でよく使われます。最後の요を取れば、親しい間柄で使うパンマルに。

用言の語幹に아/어がつく時の活用はP.130参照。

배고파 죽겠어요.
（ペゴパ）（チュッケッソヨ）
お腹が空いて　たまりません。

귀여워 죽겠어.
（クィヨウォ）（チュッケッソ）
かわいくて　たまらない。

더워 죽겠어.
（トウォ）（チュッケッソ）
暑くて　たまらない。

チンッチャ　　パラム　　アン　　ピウォッソ
진짜 바람 안 피웠어.

本当に浮気してないよ。

単語

チンッチャ 진짜	本当に
パラム 바람	風
ピ ウ ダ 피우다	吸う、起こす、咲かせる

진짜は、そのまま語尾を上げて진짜?「本当に?」、진짜예요?「本当ですか?」などと使えます。바람 을 피우다は「浮気する」という慣用句です。

こんな時に使います ✦★

恋愛話でよく聞くのが「바람을 피우다 (パラムル ピウダ) /浮気する」というフレーズ。直訳すると「風を起こす」となりますが、なぜこれが「浮気する」という意味になったのかというと、風が起こると浮く、つまり人の気持ちが浮つくということで、日本語の「浮気」と同様ですね。ほかにも「바람 (パラム) /風」を使った慣用句が多くあります。「바람을 넣다 (パラムル ノッタ)」は直訳すると「風を入れる」ですが、「そそのかす、仕向ける」という意味でも使われます。

文法の基本① 안「〜しない」（否定）

안＋用言
（アン）

用言（動詞や形容詞など）の前に안をつけると、「〜しない」「〜くない」という意味の否定形です。

안 가요.
（アン）（ガヨ）
行きません。

왜 안 가?
（ウェ）（アン）（ガ）
どうして 行かないの？

난 안 먹어.
（ナン）（アン）（モゴ）
僕は 食べないよ。

안 더워요.
（アン）（ドゥォヨ）
暑くありません。

바람 안 피워요.
（パラム）（アン）（ピウォヨ）
浮気しません。

담배를 안 피웠어요.
（タンベルル）（アン）（ピウォッソヨ）
タバコを 吸ってません。（過去形）

공부하다「勉強する」、걱정하다「心配する」など、
（コンブハダ）（コッチョンハダ）
하다がつく動詞の場合は、하다の前に안をつけます。
（ハダ）（ハダ）（アン）

공부 안 해요.
（コンブ）（アネヨ）
勉強 しません。

걱정 안 해요.
（コクチョン）（アネヨ）
心配 しません。

내가 잘못했어. 인정할게.
ネガ　チャルモテッソ　インジョン　ハルケ

僕が悪かった。認めるよ。

単語

잘못하다 チャルモタダ	間違える、誤る
인정하다 インジョンハダ	認める、認定する

잘못하다は「間違える」「誤る」などの意味で、잘못했어요と言えば、「間
違っていました」「悪かったです」という意味に。

こんな時に使います ✨⭐

「인정 (インジョン)」は漢字の「認定」をハングルにした言葉で、後ろに「하다 (ハダ)
／する」をつけて「인정하다 (インジョンハダ) ／認める」という意味でよく使われ
ます。ドラマ以外でも、バラエティ番組のゲームコーナーなどで挑戦者がお題を
クリアした時に、OKという意味で司会者が「인정!」と叫ぶ場面をよく見かけます。
スーパージュニアのメンバーがコンサートのMCでお互いによく言い合っていたの
で、ファンならピンとくるはずです。

文法の基本① 못「〜できない」(不可能)

못＋動詞
（モッ）

「〜できない」と不可能を表します。

못 만나요.
（モン マンナヨ）
会えません。

못 믿어.
（モン ミド）
信じられない。

선약이 있어서 못 가요.
（ソニャギ イッソソ モッ カヨ）
先約が あって 行けません。

난 인정 못 해.
（ナン インジョン モ テ）
私は 認められない。

文法の基本② 잘못하다・잘못・잘 못하다の使い分け

잘못하다・잘못＋動詞・잘 못하다
（チャルモタダ）（チャルモッ）（チャル モタダ）

잘못하다は「間違える」「誤る」などの意味の動詞です。

하다を取って잘못とすると、「間違い」「誤り」という名詞として使われるほか、

「間違って」と副詞としても使われます。一方、잘 못하다は잘 (上手に) と

못하다 (できない) で、「うまくできない」という意味になります。

내가 잘못했어.
（ネガ チャルモテッソ）
僕が 間違ってたよ (悪かったよ)

계산을 잘못했어요.
（ケサヌル チャルモテッソヨ）
計算を間違えました。

내 잘못이 아니야.
（ネ チャルモシ アニヤ）
私の 間違い じゃないよ (→私のせいじゃないよ)

잘못 생각했어요.
（チャルモッ センガケッソヨ）
思い違いしました。

요리를 잘 못해요. ⟷ **요리를 잘해요.**
（ヨリルル チャル モテヨ）（ヨリルル チャレ）
料理が苦手です。　　　料理が得意です。

韓国語は２人称を使う場面が限られる

韓国語には、初対面や目上の人に使える２人称がなく、名前や役職、立場、関係性などで呼ぶことがほとんど。「너 (ノ)」は「君」「あなた」「お前」などの意味で、どちらかというと相手を下にした呼び方なので、ごく親しい間柄や目下の人に対してのみ使います。同等の相手に対する２人称には、「당신 (タンシン) ／あなた」がありますが、夫婦間や、歌詞、書き言葉、放送・広告などで不特定の相手に向かって呼びかけるときに使うのが一般的で、日常会話ではあまり使いません。

役職や職業、立場などで呼ぶ

ドラマの会話をよく聞いていると、「사장님 (サジャンニム) ／社長」、「검사님 (コムサニム) ／検事」、「○○대리 (テリ) ／○○代理」など、役職や職業そのものや、そこに名字をつけたりして呼び合っているのがわかります。目上の相手に対しては役職などに「様」にあたる님 (ニム) をつけて、目下や同等の相手には님はつけません。

선생님 先生　　**사장님** 社長

대표님 代表　　**부장 (님)** 部長

팀장 (님) チーム長　　**과장 (님)** 課長

대리 (님) 代理　　**변호사 (님)** 弁護士

검사 (님) 検事　　**형사 (님)** 刑事

기사님 （タクシーなどの）運転手

선배님 先輩　　**고객님** お客様

相手との関係性で呼ぶ

韓国語は家族や親戚の呼び方が、とても複雑です。また、親しい年上の友達のことを、
「형 (ヒョン)・오빠 (オッパ) ／お兄ちゃん」、「누나 (ヌナ)・언니 (オンニ) ／お姉ちゃん」
と呼ぶことも。女性が年上の彼氏のことを오빠と呼ぶことも多いです。

아버지 (アボジ) お父さん（丁寧な呼び方）　**아빠** (アッパ) お父さん（くだけた呼び方）

어머니 (オモニ) お母さん（丁寧な呼び方）　**엄마** (オムマ) お母さん（くだけた呼び方）

형 (ヒョン) お兄さん（男性が呼ぶ時）　**오빠** (オッパ) お兄さん（女性が呼ぶ時）

누나 (ヌナ) お姉さん（男性が呼ぶ時）　**언니** (オンニ) お姉さん（女性が呼ぶ時）

할아버지 (ハラボジ) おじいさん　**할머니** (ハルモニ) おばあさん

삼촌 (サムチョン) おじさん（父方の未婚のおじさん。親戚ではない親しいおじさんにも使える）

고모 (コモ) おばさん（父の姉妹のおばさん）

이모 (イモ) おばさん（母の姉妹のおばさん。親戚ではなくても親しみを込めた呼び方として使える）

여보 (ヨボ) （夫婦間で）あなた

아저씨 (アジョッシ) おじさん（親戚ではない）　**아줌마** (アジュムマ) おばさん（親戚ではない）

名前を呼ぶ

名前を呼ぶ時に、使いやすいのは「씨 (ッシ) ／さん」をつけた呼び方。必ずフルネームか、
下の名前につけます。名字だけにつけるのはとても失礼なので注意しましょう。銀行の
窓口などでは、「님 (ニム) ／様」をつけて呼ばれることも。また、親しい間柄や年下の
相手には、親しみを込めて名前の最後に「야 (ヤ) ／아 (ア) ／이 (イ)」をつけます。名前
の最後の文字がパッチムなしの時は민호야 (ミノヤ) など、呼びかける時に야をつけます。
パッチムありの時は태민아 (テミナ)、태민이 (テミニ) など、呼びかける時には아、それ以
外の時は이をつけます。야/아/이は年上や目上の相手には使えません。

73

그건 좀 심하지 않아요?

クゴン　チョム　シマジ　アナヨ

〜〜〜〜〜〜〜〜〜〜〜〜〜〜〜〜〜〜〜〜〜〜〜〜〜〜〜〜〜

それはちょっとひどいんじゃないですか？

単語

<small>クゴン　クゴスン</small> 그건=그것은	それは
<small>チョム</small> 좀	ちょっと
<small>シマダ</small> 심하다	ひどい、きつい、厳しい

좀は「ちょっと」という意味で、言い方をやわらげたりする時にもよく使います。물 좀 주세요「ちょっと水をください」と좀を入れるだけで、お願いもやわらかな印象に。

こんな時に使います ✦★

「ひどい」という意味の形容詞「심하다（シマダ）」を使った上記のフレーズと同じくらい、ドラマによく登場するのが「너무해（ノムヘ）／ひどいよ」の原形「너무하다（ノムハダ）」という形容詞です。どちらも同じニュアンスの言葉ですが、「심하다」の方が使える範囲が広く、体の痛みを表す時にも使えます。例えば「頭痛がひどい」だったら「두통이 심하다（トゥトンイ シマダ）」となります。この表現に「너무하다」は使えません。

\\ マスターしたい！ //

文法の基本①　지 않다「～しない」（否定形）

用言の語幹＋지 않아(요)

「～しない」「～くない」のように、動詞や形容詞などを否定する言い方で、
안+用言 (P.69参照) と意味は同じです。

チグム　　パップジ　　アナヨ
지금 바쁘지 않아요.
今　　忙しく　　ありません。

ピョルロ　　キップジ　　アナヨ
별로 기쁘지 않아요.
あまり　うれしく　ありません。

トヌル　　パッチ　　アナッソヨ
돈을 받지 않았어요.
お金を　受け取り　ませんでした。

用言の語幹＋지 않아(요)？

지 않아(요) の文末に「？」をつけて語尾を上げると、

「～しない？」「～くない？」など、

やわらかい疑問や同意を求める言い方になります。

プルピョナジ　　アナヨ
불편하지 않아요?
不便じゃないですか？居心地が悪くないですか？

ウッキジ　　アナ
웃기지 않아?
おかしくない？笑っちゃうよね？

チョム　　シマジ　　アナ
좀 심하지 않아?
ちょっと　ひどいんじゃない？

75

クェンチャナヨ　　　　　コクチョンハジ　　　マセヨ
괜찮아요. 걱정하지 마세요.

大丈夫です。心配しないでください。

単語

クェンチャンタ 괜찮다	大丈夫、構わない、よい
コクチョン 걱정	心配

クェンチャナヨ
괜찮아요「大丈夫です」は韓国語で最もよく使う表現。「これでいいです」
という意味でも使えます。괜찮아요？と語尾を上げれば、「大丈夫です
か？」と相手を気遣ったり、許可を求めたりする言い方にも。

こんな時に使います

　ドラマにもよく登場する単語「걱정（コクチョン）／心配」は、うしろにつける動
詞によってニュアンスが変わります。「이다（イダ）／～だ」をつければ「걱정이다
（コクチョンイダ）／心配だ」に。「하다（ハダ）／～する」をつければ「걱정하다（コ
クチョハダ）／心配する」になり、どちらもよく使います。さらに、「心配をかける」
なら「（心配などを）かける、及ぼす」という意味の「끼치다（ッキチダ）をつけて「「걱
정을 끼치다（コクチョンウル ッキチダ）」という言い方に。「걱정을 끼쳐서 미안해
요（コクチョンウル　ッキチョソ ミアネヨ）」と言えば、「心配かけてごめんね」と
いう意味になります。

\\ マスターしたい！ //

文法の基本① 　지 마(세요)「〜しないで（ください）」

動詞の語幹＋지 마(세요)

「〜しないで（ください）」という言い方で、ドラマやK-POPの歌詞によく出てきます。

丁寧語は動詞の語幹＋지 마세요、または＋지 마요「〜しないでください」

(마세요より마요の方がよりカジュアルな言い方)、

パンマルは動詞の語幹＋지 마「〜しないで」となります。

걱정하지 마.
心配しないで。

밀지 마세요.
押さないでください。

가지 마.
行かないで。

그 사람을 너무 믿지 마요.
その　　人を　　　　信じすぎないでください。

이거 먹지 마.
これ　食べないで。

사진을 찍지 마세요.
写真を　撮らないでください。

ちなみに、この마(세요)の原型は말다で、「やめる」「しない」などの意味を持つ動詞です。

걱정하지 마「心配しないで」は、걱정하지 말아

と言うこともできます。

語尾によっては、語幹のパッチムのㄹが残るので覚えておきましょう。

만나지 말자.
会うのは　　やめよう。

울지 말고 웃어요.
泣かないで　　笑って。

77

^タ ^ノ ^{ッテムニヤ}
다 너 때문이야.

全部あなたのせいよ。

単語

^タ 다	全部、すべて
^ノ 너	君、あなた、お前
^{ッテムン} 때문	〜のため、〜のせい

너はパンマルの2人称。ごく親しい間柄で使います。目上の人や、初対面の人にも使える2人称が韓国語にはないので、その場合は名前や役職、間柄などで呼びます (P.72参照)。

こんな時に使います ☆

「때문 (ッテムン) ／〜のせい」に助詞の「에 (エ)」をつけた「때문에 (ッテムネ) ／〜のせいで、〜なので」という表現もドラマによく登場します。一方、「〜のおかげ」という意味を持つ言葉に「덕분 (トゥプン)」があります。こちらは感謝の気持ちが含まれたニュアンスになり、「皆さんのおかげで」という「여러분 덕분에 (ヨロブン トゥプネ)」は、スターのコメントなどでよく登場するフレーズです。

文法の基本① 때문/기 때문「〜のため」「〜のせい」

名詞＋때문(에)
ッテムン(エ)

「〜のため」「〜のせい」などの意味です。

때문에のように에をつけると、そのあとに続く動作の理由を表します。

動詞や形容詞が前にくる時は、語幹に기をつけて名詞化して使います。

시간 때문이에요.
シガン　ッテムニエヨ
時間の　　せいです。

엄마 때문에 못 갔어.
オムマ　ッテムネ　モッ　カッソ
お母さんの　せいで　行けなかった。

감기 때문에 힘들어요.
カムギ　ッテムネ　ヒムドゥロヨ
風邪の　せいで　つらいです。

사랑하기 때문이에요.
サランハギ　ッテムニエヨ
愛している　からです。

文法の基本② 야/이야「〜だ」、예요/이에요「〜です」

名詞＋야/이야
ヤ　イヤ

名詞＋예요/이에요
エヨ　イエヨ

名詞に야/이야をつけると、パンマルの「〜だよ」、

예요/이에요をつけると、丁寧語の「〜です」という意味になります。

名詞の最後にパッチムがない時は야または예요を、

パッチムがある時は이야または이에요をつけます。

※애요は正確には「イェヨ」ですが、会話ではほとんど「エヨ」と発音します。

친구야.
チングヤ
友達だよ。

오늘이 그날이야.
オヌリ　クナリヤ
今日が　その日だよ。

제가 좋아하는 드라마예요.
チェガ　チョアハヌン　ドゥラマエヨ
私が　好きな　ドラマです。

정국 씨 생일이에요.
チョングク　シ　センイリエヨ
ジョングクさんの　誕生日です。

79

그런 생각 전혀 없는데….
^{クロン　センガク　チョニョ　オムヌンデ}

そんなつもりは全くないんだけど…。

単語

그런 クロン	そんな
생각 センガク	考え、つもり、思い
전혀 チョニョ	全く、全然

전혀「全く」は否定の程度を表す副詞で、전혀 없어요「全くありません」、
전혀 못해요「全然できません」、전혀 달라요「全然違います」、전혀
몰라요「全く知りません」などと使います。

こんな時に使います

「생각 (センガク)」はさまざまな表現に使われる言葉です。「없다 (オプタ)／ない」
をつけると「〜する考えがない、〜する気がない」という意味に。また、「出る、
生じる」という意味の「나다 (ナダ)」をつけると「思い出す」という意味になります。
これを過去形にした「생각났어요 (センガクナッソヨ)」は、「思い出しました」とい
う意味で、こちらもドラマでよく耳にするフレーズです。

\ マスターしたい！ /

文法の基本① 는데「〜なのだけど」

動詞・있다 (イッタ) / 없다 (オプタ) の語幹＋는데 (ヌンデ)

形容詞の語幹＋은 (ウン) / ㄴ (ンデ) 데

「〜なのだけど」などの意味で、文末にくると少し婉曲な表現になります。

動詞や、맛있다 (マシッタ)「おいしい」など、있다 (イッタ) / 없다 (オプタ) がつく形容詞の語幹には는데をつけます。

形容詞の語幹の最後がパッチムありの時は은데 (ウンデ)、

パッチムなしの時はㄴ데 (ンデ) をつけます。

このままの形だとパンマル、요をつければ丁寧語に。

지금 (チグム) 좀 (チョム) 시간이 (シガニ) 없는데 (オムヌンデ).
今　　ちょっと　　時間が　　ないんだけど。

일본에서 (イルボネソ) 친구가 (チングガ) 오는데요 (オヌンデヨ).
日本から　　友達が　　来るんですけど。

맛있는데요 (マシンヌンデヨ).
（けっこう）おいしいですよ。

사람이 (サラミ) 많은데요 (マヌンデヨ).
人が　　多いんですけど。

나는 (ナヌン) 기쁜데 (キップンデ).
僕は　　うれしいけど。

後ろに文章を続けると、逆説や前提を表します。さまざまな意味で使える

ややあいまいな表現ですが、会話の中ではよく使います。

잘 (チャル) 생겼는데 (センギョンヌンデ) 내 (ネ) 스타일이 (スタイリ) 아니야 (アニヤ).
　　イケメンだけど　　私の　　タイプじゃない。

비가 (ピガ) 오는데 (オヌンデ) 우산이 (ウサニ) 없어요 (オプソヨ).
雨が　　降ってるけど　　傘が　　ありません。

백화점에 (ペカジョメ) 가는데 (カヌンデ) 같이 (カチ) 갈래요 (カルレヨ)?
デパートに　　行くのですが　　一緒に　　行きますか？

ドラマで知るリアル韓国

　2020年にやってきた第4次韓流ブームの波。そのきっかけとなったのはやはりドラマ「愛の不時着」や「梨泰院クラス」のヒットでしょう。中でもドラマ「愛の不時着」はこの年の流行語大賞にノミネートされたほどでした。ヒロインのユン・セリがパラグライダーで飛行中に北朝鮮に不時着したことで始まる物語。正直なところ、最初は「そんなバカな」と思ったものの、ストーリーと登場人物のキャラクター設定の秀逸さに、どっぷりハマっていきました。北朝鮮の人々の生活ぶりや、韓国との言葉の違いなども興味深いものがありましたね。

　ここ数年の韓流ドラマで注目すべきはヒロイン像の変化です。以前は、男性に守られるタイプのヒロイン一辺倒だったのが、「愛の不時着」のユン・セリはすべてにおいて自立した女性。「梨泰院クラス」のイソは愛する人は私が守るというキャラクターで、現代女性の大きな共感を得ました。「椿の花咲く頃」のドンベクは、噂や世間の目に負けないたくましいシングルマザーでしたし、30代女性と年下男子の恋愛模様を描いた「よくおごってくれる綺麗なお姉さん」では、ジナが職場で受ける理不尽な扱いや結婚にまつわる問題に立ち向かう姿が描かれるなど、韓国ドラマのヒロイン像は大きく様変わりしています。韓国ドラマといえば「純愛」のイ

メージ、という人も多いと思いますが、最近は社会派からオカルトまでさまざまなジャンルの作品が作られ、ドラマの質も全体的に高まっています。

　中でも秀作揃いなのが、社会問題や、今の時代を生きるさまざまな世代の悩みや困難を丁寧に扱った作品群。フィクションであっても、より身近なできごとが描かれています。韓国では自分の人生に大きな影響を与えたり、心からすばらしいと思ったドラマのことを「인생드라마（インセンドゥラマ）／人生ドラマ」と言うのですが、ここ数年、その呼び名にふさわしいドラマがたくさん登場しました。例えばケーブルチャンネルの底力を知らしめるきっかけとなり、日本でもリメイクされた「ミセン―未生―」では、学力や家柄、コネがなければ会社で生き延びるのが難しい韓国社会の問題点が浮き彫りにされ、共感した多くの人にとっての人生ドラマになりました。ほかにも、ある日突然、25歳からおばあさんになってしまった女性を通して、平等に与えられた時間の中で、一日一日を大切に生きてほしいという現代人へのメッセージが込められた「まぶしくて―私たちの輝く時間―」など。リアルな「今」を描きながら、観る人に生きる力を与えてくれます。

　楽しめるだけでなく、ストーリーや人物像を通して今の韓国社会を知ることができる韓流ドラマ。皆さんにとっての「인생드라마」に巡り会えますように。

チェバル　　プタク　　チョム　　トゥロジュオヨ

제발 부탁 좀 들어줘요.

どうかちょっとお願いを聞いてよ。

単語

チェバル 제발	どうか、どうぞ、何卒
トゥロチュダ 들어주다	聞き入れる、聞いてあげる

제발 は「どうか」「どうぞ」など、お願いをする時に使う副詞。제발
부탁드려요は、「どうかお願いします」、제발요と言えば、「後生ですから」
「お願いします」などの意味になります。

こんな時に使います ✦★

「부탁 (プタク)」は漢字で書くと「付託」で、「頼み、お願い、依頼」という意味です。
これに「하다 (ハダ) ／する」のニダ体「합니다 (ハムニダ)」をつけて「부탁합니다 (プ
タカムニダ)」とすると、何かを丁寧にお願いする時に使えます。ドラマでよく登
場するのは、友人や同僚など近しい人に懇願するシーンの「부탁이야 (プタギヤ)
／お願いだよ」。ヘヨ体にして「부탁이에요 (プタギエヨ) ／お願いです」とすれば、
幅広く使えます。

文法の基本① 줘「～してよ／～してくれ」

動詞の語幹＋아／어 줘(요)
アオ ジュオ (ヨ)

P.35で紹介した動詞の活用形＋주세요「～してください」のカジュアルな言い方。
ジュセヨ

「与える」「あげる」という意味の動詞、주다からきています。
チュダ

動詞の語幹＋아／어 줘요はパンマルではありませんが、
ジュオヨ

주세요よりは省略してカジュアルな言い方に。

動詞の語幹＋아／어 줘は、「～してよ」「～してくれ」という意味のパンマルになります。
ジュオ

動詞の語幹に아／어がつく時の活用はP.130参照。

여기서 좀 기다려 줘요.
ヨギソ チョム キダリョ ジュオヨ

ここで　　ちょっと　　待っててね。

좀 도와 줘.
チョム トワ ジュオ

ちょっと　手伝って。

정혁 씨한테 전해 줘요.
チョニョク シハンテ チョネ ジュオヨ

チョンヒョクさんに　　伝えて　　ください。

같이 있어 줘.
カチ イッソ ジュオ

一緒に　　いて。

오빠한테 비밀로 해 줘.
オッパハンテ ピミルロ ヘ ジュオ

お兄ちゃんには　　秘密に　　して。

相手に対して、「～してあげる」「～してあげます」と言いたい時は、

動詞の語幹＋아／어 줄게(요)と言えばOK(P.49参照)。
アオ ジュルケ (ヨ)

敬語の場合は、「差し上げる」という意味の謙譲語드리다 (P.55参照) を使い、
トゥリダ

動詞の語幹＋아／어 드릴게요と言います。
アオ ドゥリルケヨ

도와줄게.
トワ ジュルケ

手伝って あげるよ。

도와 드릴게요.
トワ ドゥリルケヨ

お手伝い　　いたします。

_{クゴン} _{ナラン} _{サングァノプソヨ}
그건 나랑 상관없어요.

それは私と関係ありません。

単語

_{ラン} 랑	～と
_{サングァン} 상관	相関、関係
_{サングァノプタ} 상관없다	関係ない、かまわない、気にしない

_{クゴン} _{クゴスン} _{クゴッ} _{イゴッ}
그건은그것은「それは」の略語。그것は「それ」、이것は「これ」、
_{チョゴッ}
저것は「あれ」という意味です。

こんな時に使います

「상관 (サングァン)」は漢字にすると「相関」。そこに「없다 (オプタ) ／ない」をつけた「상관없다 (サングァノプタ)」は「関係ない、気にしない」という意味になります。ドラマ「愛の不時着」で、船内でのキスの説明を求めたヒロイン・セリの、「뽀뽀니까 상관없다？ (ッポッポニッカ　サングァノプタ？) ／軽いキスだから関係ないわけ？」とジョンヒョクに詰め寄る姿がかわいかったですね。関係ない人が自分のことに口出ししてきた時に言うセリフ「무슨 상관이야 (ムスン　サングァニヤ) ／ (あなたには) 関係ないでしょ」もドラマにはよく登場します。

文法の基本① 랑/이랑 「～と」

名詞＋랑/이랑
ラン　イラン

「～と」という意味の助詞で、会話でよく使われるカジュアルな言い方です。

前にくる名詞がパッチムなしの時は랑、
ラン

パッチムありの時は이랑をつけます。
イラン

同じ意味の助詞で、과/와や하고 (P.55参照) がありますが、
クァ　ワ　ハ　ゴ

하고が最もスタンダード。
ハ　ゴ

과/와はややフォーマルな印象で、文章などでよく使います。
クァ　ワ

랑/이랑はカジュアルで、会話でよく使うと覚えておきましょう。
ラン　イラン

우유랑 사과를 샀어요.
ウユラン　サグァルル　サッソヨ

牛乳と　　　リンゴを　　　買いました。

가족이랑 친척이랑... 다 모였어요.
カジョギラン　チンチョギラン　　タ　モヨッソヨ

家族と　　　　親戚と…　　　みんな　集まりました。

세리 씨랑 같이 나갔는데.
セリ　ッシラン　カチ　ナガンヌンデ

セリさんと　　一緒に　　出かけたけど。

윤호와 창민과 같이 사진을 찍었어요.
ユノワ　チャンミングァ　カチ　サジヌル　ッチゴッソヨ

ユンホと　チャンミンと　一緒に　写真を　　撮りました。

그건 그 사람하고 상관없는 일이에요.
クゴン　ク　サラムハゴ　サングァノムヌン　イリエヨ

それは　その人とは　　　関係のない　　ことです。

맥주하고 치킨을 시켰어요.
メクチュハゴ　チキヌル　シキョッソヨ

ビールと　　　チキンを　注文しました。

가슴이 찢어질 것 같아요.
カスミ　　ッチジョジル　コッ　カタヨ

胸が張り裂けそうです。

単語

가슴 カスム	胸
찢어지다 ッチジョジダ	破れる、裂ける

찢어지다「破れる」「裂ける」は옷이 찢어졌어요「服が破れました」などと使いますが、가슴이 찢어지다とすれば、「胸が破れる」→「胸が張り裂ける」という意味になります。

こんな時に使います

韓国語では「찢어지다 (ッチジョジダ)」を使った、「胸が破れる」という表現をよく使います。つまりそれくらいの強い悲しみを表しており、日本語に訳すと「胸が張り裂ける」となるわけです。悲しみを隠さず激しい感情をストレートに表す韓国人ならではの表現。ドラマならお母さんやおばあさんが胸を自分のこぶしで叩きながら泣き叫ぶシーンというイメージですね。

\\ マスターしたい！ //

文法の基本① ～것 같아요「～するみたいです」「～なようです」（推測）

用言の語幹＋ㄹ／을 것 같아(요)→未来

これから起こるであろう未来への推測を表します。

客観的で明確な理由があるというより、漠然と推測したり、

間接的な根拠に基づく推測の時に使います。

動詞・形容詞の語幹の最後にパッチムがない時はㄹ 것 같아요、

パッチムがある時は을 것 같아요をつけます。

비가 올 것 같아요.

雨が　　降りそうです。

사람이 많을 것 같아요.

人が　　　多いようです。

動詞・있다／없다の語幹＋는 것 같아(요)→現在

動詞や있다／없다がつく形容詞の語幹に는 것 같아요をつけると、

現在に対する推測を表したり、断定を避ける言い方になります。

네 말이 맞는 것 같아.

君の　言うことが　正しいみたいだ。

재미있는 것 같아요.

おもしろい　みたいです。

形容詞・動詞の語幹＋ㄴ／은 것 같아(요)→現在・過去

形容詞の場合は現在、動詞の場合は過去の推測を表したり、

断定を避ける言い方になります。

動詞・形容詞の語幹の最後がパッチムなしの時はㄴ、

ありの時は은をつけます。

비가 온 것 같아요.

雨が　降った　みたいです。

강태 씨가 바쁜 것 같아요.

カンテさんが　忙しい　みたいです。

ハル　マウムマン　イッスミョン　トゥェヨ
할 마음만 있으면 돼요.

やる気さえあればいいです。

単語

マウム 마음	気持ち
マン 만	だけ、ばかり

만は名詞のあとについて、「〜だけ」「〜ばかり」という意味を表します。
마음만で「気持ちだけ」、요즘 일만 해요と言えば、「最近仕事ばかりし
ています」という意味に。

こんな時に使います ☆

新しいことを始めるのに躊躇している人に向けたセリフとして登場するフレーズ
ですが、「만 있으면 돼요 (〜マン イッスミョン トゥェヨ) ／〜だけあればいいです」
という言い回しはいろいろなシチュエーションで使えます。例えば「水だけあれば
いいです」は「물만 있으면 돼요 (ムルマン イッスミョン トゥェヨ)」。愛の告白シー
ンでよく聞く「君だけいればいい」なら「너만 있으면 돼 (ノマン イッスミョン
トゥェ)」となります。

文法の基本①　ㄹ／을 ○○ 「～する○○」

動詞の語幹＋ㄹ（ル）／을（ウル）＋名詞

前の動詞であとにくる名詞を修飾する連体形の未来形で、

これからすることを表します。

動詞の語幹の最後にパッチムがない時はㄹを、

パッチムがある時は을をつけます。

할（ハル） 일이（イリ） 많아요（マナヨ）.

やる　ことが　いっぱいあります。

할（ハル） 말이（マリ） 있는데（インヌンデ）.

言いたい ことが　あるんだけど。

뭐 먹을（モ モグル） 거 있어요（コ イッソヨ）?

何か　食べる　ものは　ありますか？

文法の基本②　～면 「～すれば」「～したら」

用言の語幹＋（으）（ウ）면（ミョン）

「～すれば」「～したら」という仮定や条件を表します。

用言の語幹の最後がパッチムなしの時はそのまま면を、

パッチムありの時は으면をつけます。

서울에（ソウレ） 오시면（オシミョン） 연락해（ヨルラケ） 주세요（ジュセヨ）.

ソウルに　いらしたら　連絡　してください。

열심히（コルシミ） 하면（ハミョン） 잘（チャル） 될거예요（ドゥェルコエヨ）.

一生懸命　やれば　うまく　いくでしょう。

여기（ヨギ） 누르시면（ヌルシミョン） 돼요（トゥェ）.

ここを　押せば　いいんです。

너（ノ） 없으면（オブスミョン） 안（アン） 돼（ドゥェ）.

あなたが　いなきゃ　だめなの。

91

韓流ドラマでよく聞く一言フレーズ

나 좀 봐.
（ナ チョム ブァ）

ちょっといいかな。

나 (ナ) ／私 (パンマル)　좀 (チョム) ／ちょっと　보다 (ポダ) ／見る

＊誰かを呼び出すシーンで登場するフレーズで、直訳すると「私をちょっと見て」。穏やかではない
状況だと「ちょっと来い」みたいなニュアンスにもなります。

왜?
（ウェ）

何で？

＊なぜなのかをたずねる時以外に、「왜〜〜〜 (ウェ〜〜〜)」と長く伸ばしてだだをこねるシーンで
もよく登場するセリフです。

내가 쏠게.
（ネガ ッソルケ）

私がごちそうするね。

쏘다 (ッソダ) ／撃つ、射る、おごる

＊ごちそうする、おごるというシーンで登場するフレーズ。「커피 내가 쏠게요 (コピ ネガ ッソルケ
ヨ)」とすれば「私がコーヒーごちそうしますよ」となります。

밥 사줘.
（パプ サジュオ）

ごちそうして。

밥 (パプ) ／ごはん　사다 (サダ) ／買う

＊直訳すると「ごはん買って」。そこから「ごはんおごってよ」という意味になります。ドラマ「よく
おごってくれる綺麗なお姉さん」に何度も登場しますね。

쉬세요.
（シュィセヨ）

おやすみなさい。／休んでください。

쉬다 (シュィダ) ／休む

＊「おやすみなさい」の言葉はいろいろありますが、これはこれから寝ようとする目上の人に向けて
よく使うフレーズです。

_{チョ} _{ワッソヨ}
저 왔어요.

ただいま。

- -

저 (チョ) ／私 (丁寧語)　오다 (オダ) ／来る

＊最も一般的に使われる「ただいま」のあいさつです。直訳すると「私 (が) 来ました」となります。

_{ックノ}
끊어.

（電話を）切るよ。

- -

끊다 (ックンタ) ／断つ、切る、やめる

＊日本だと「じゃあね」と言って通話を終えることが多いですが、韓国人は電話での会話を終える時、必ずと言っていいほどこのフレーズを言って電話を切ります。

_ナ _{オットケ}
나 어떡해?

私、どうしよう？

- -

어떡하다 (オットカダ) ／どうする

＊「어떡해」は「어떡하다」の活用形。全く同じ発音をするフレーズで「어떻게 (オットケ)」があります。こちらは「어떻다 (オットタ) ／どうだ」の語幹に「게 (ケ)」をつけた言葉で、「どのように」という意味です。

_{ッカムッチャギヤ}
깜짝이야!

もうびっくりした！

- -

깜짝 (ッカムッチャク) ／びっくり、はっと、ぎょっと

＊「びっくり」という意味の副詞「깜짝」に「～이야 (イヤ) ／～だ」をつけた表現。「～하다 (ハダ) ／～する」をつけて「깜짝하다 (ッカムッチャカダ)」としてしまうと「目をパチパチさせる」という違う意味になってしまうので気を付けましょう。

_{ピヘジャ} _{コスプレネ}
피해자 코스프레네.

被害者ぶってるね。

- -

피해자 (ピヘジャ) ／被害者　코스프레 (コスプレ) ／コスプレ、ふり

＊直訳すると「被害者コスプレだね」となります。コスプレとは別のキャラクターに仮装してなりきることですが、韓国では、そこから「～のふり」という意味で使われるようになりました。

제정신이야?

チェジョンシニヤ

正気なの?

제정신 (チェジョンシン) ／正気

＊まともじゃない行動や発言をした相手に発するフレーズ。そこから次のフレーズの「정신 차려！（チョンシン チャリョ）／しっかりしなさいよ！」と続くパターンが多いです。

정신 차려!

チョンシン　チャリョ

しっかりして!

정신 (チョンシン) ／精神、魂、気、正気　차리다 (チャリダ) ／整える、用意する、準備する

＊「精神を整える」から「しっかりする」という意味に。やる気を失った人や自分を見失っている人に声をかける時によく使うフレーズです。

기가 막혀!

キガ　マキョ

あきれるわ!

기 (キ) ／気　막히다 (マキダ) ／ふさがる、詰まる

＊ドロドロ愛憎劇などでよく聞かれるこのフレーズは「気が詰まる」が転じて「あきれてものが言えない」という意味になります。一方で「すごい、すばらしい」という意味でも使われ、例えば「このサムゲタンおいしすぎる！」なら「이 삼계탕 기가 막혀！（イ サムゲタン キガ マキョ）」と表現します。

짜증나!

ッチャジュンナ

ムカつく!

짜증 (ッチャジュン) ／かんしゃく、嫌気　나다 (ナダ) ／出る、起こる、発生する、生じる

＊「かんしゃく、イライラが出る」から、この意味になります。

알아서 해.

アラソ　ヘ

好きにして。／まかせるよ。

알다 (アルダ) ／知る、わかる、判断する　하다 (ハダ) ／する

＊「알다」の活用形「알아서 (アラソ) ／知って、わかって、判断して」に「하다 (ハダ) ／する」の命令形「해 (ヘ)」がついたこの言葉は、相手に判断や決定権をゆだねる「自分の思うようにして」という意味で使われます。また「勝手にして」というちょっと冷たいニュアンスで使うことも。

그거 뺑인데.
(クゴ ッポンインデ)

それ嘘だけど。

그거 (クゴ) ／ それ　뺑 (ッポン) ／ 嘘、はったり

＊「嘘をつく」は「뺑치다 (ッポンチダ)」となります。「嘘つかないで」は「뺑치지 마 (ッポンチジ マ)」で、こちらもドラマのセリフによく登場します。

니가 뭔데?
(ニガ ムォンデ)

あなた何様よ？

뭐 (ムォ) ／ 何

＊ケンカのシーンでよく聞くフレーズ。直訳すると「あなたが何だというの？」となり、ここから「あなた何様のつもり？」といった意味で使われます。「あなたに指図される筋合いはない」と言いたい時に登場するフレーズです。

착각하지 마.
(チャッカカジ マ)

勘違いしないで。

착각하다 (チャッカカダ) ／ 錯覚する、勘違いする

＊「착각 (チャッカク)」は漢字で書くと「錯覚」。日常的には主に「勘違い、思い違い」という意味で使われます。K-POPの歌詞でもひんぱんに登場するフレーズです。

내기 할래?
(ネギ ハルレ)

賭ける？

내기 (ネギ) ／ 賭け

＊「賭け」を「하다 (ハダ) ／する」で「賭ける」の意味に。韓国人は何かと賭けをするので、ドラマでもよくこのフレーズが飛び出します。例えば、願いごとを聞いてほしい時にも「소원 들어주기 내기 할래? (ソウォン トゥロジュギ ネギハルレ) ／ (勝った人の) お願いを聞いてあげるための賭けをしようか？」と言ったりします。

Netflixのすぐれもの機能を大活用

　　この本では、日頃よく見ている韓国ドラマを活用して、韓国語を
学ぶことをおススメしていますが、初心者はどうしても字幕に
頼ることになります。字幕には決められた文字数という制約があるので、
言葉の意味を正確に学ぶツールとしては実はあまり適していません。

　そこでNetflixユーザーならばぜひ取り入れてほしいのがNetflixの
LLN (Language Learning with Netflix) という機能。パソコン用の
インターネット・ブラウザ Google Chromeの拡張機能で、これをダウ
ンロードすると日本語と外国語の字幕を同時に表示することができま
す。これを使えば韓国語を聞き、話す力が養えるのです。韓国ドラマ
の場合は作品によって日・韓両方の字幕が出るもの、日本語字幕のみの
ものがありますが、大人気の「愛の不時着」などは日・韓字幕が表示さ
れます。

　また、音声のスピードを遅くすることが可能なので、早口で聞き取れ
ないセリフもゆっくり聞くことができます。韓国ドラマはネイティブの
発音、特にイントネーションを学ぶにはもってこいのコンテンツなので、
これを活用しない手はありません。正しい発音でも、イントネーション
が間違っていると相手に通じないことがある一方、発音がイマイチでも
イントネーションが合っていれば理解してもらえたりします。イントネー
ションは文字で表すことが難しいので、ドラマを見ながら気になるフ
レーズ、よく聞くフレーズをそのキャラクターになったつもりでまねし
ながら、繰り返し話してみましょう。上達してきたらドラマの名セリフ
にもチャレンジして、ヒロイン気分を味わってください。

Chapter 4

K-POPの歌詞に
よくあるフレーズ

大好きなアーティストの曲は繰り返し聞くから
意味がわからなくても歌詞が耳に残っているはず。
しょっちゅう出てくるフレーズを使うので
慣用表現や基本的な文法も覚えやすい!
歌詞の意味を知れば、曲もより深く理解できます。

하늘 높이 날고 있어.

ハヌル　ノピ　ナルゴ　イッソ

空高く飛んでいるんだ。

単語

하늘 ハヌル	空
높이 ノピ	高く
날다 ナルダ	飛ぶ

높이は「高く」という意味の副詞で、形容詞の높다は「高い」からきています。높이다とすると「高める」という意味の動詞になります。

こんな時に使います ✦★

「空を飛ぶ」という意味の「하늘을 날다 (ハヌルル ナルダ)」という慣用句はBTSの『Boy with Luv』やTWICEの『What is Love?』などハッピーな恋愛ソングの歌詞にたびたび登場します。恋を知って天まで昇るほどのときめきや楽しさを表しているフレーズと言えますね。皆さんも愛しのスターに会えた時、間違いなく「하늘 높이 날고 있어」な気分になるはずです。

文法の基本① 고 있어요「〜しています」（現在進行形）

動詞の語幹＋고 있어(요)

動詞の語幹に고 있어(요)をつけると、「〜している」（「〜しています」）という
現在進行形になります。

パッチムのあり、なしに関係なく、語幹にそのままつければOK。

친구하고 놀고 있어.
_{チングハゴ　ノルゴ　イッソ}
友達と　　　遊んで　　いるよ。

이야기 하고 있어요.
_{イヤギ　ハゴ　イッソヨ}
話を　　　して　　います。

지금 밥 먹고 있어.
_{チグム　パム　モッコ　イッソ}
今　ご飯　食べてる。

노래를 부르고 있어요.
_{ノレルル　プルゴ　イッソヨ}
歌を　　　歌って　　います。

열심히 공부하고 있어요.
_{ヨルシミ　コンブハゴ　イッソヨ}
一生懸命　勉強　　しています。

하늘을 날고 있는 것 같아요.
_{ハヌルル　ナルゴ　インヌン　ゴッ　カタヨ}
空を　　飛んで　　いる　　みたいです。

고 있어요と似た表現として、状態の継続を表す
動詞の語幹＋아 / 어 있어(요)という言い方があります。
_{ア　オ　イッソ　ヨ}

日本語に訳すと同じ「〜している」（「〜しています」）となりますが、

고 있어요が今も動作が進行中なことを表すのに対して、

こちらはもうすでに動作が完了し、その状態が続いていることを表します。

動詞の語幹に아/어がつく時の活用はP.130参照。

서울에 와 있어요.
_{ソウレ　ワ　イッソヨ}
ソウルに　来て　います。

문이 열려 있어요.
_{ムニ　ヨルリョ　イッソヨ}
門が　　開いて　います。

ウヨニ　アニニッカ
우연이 아니니까.

偶然じゃないから。

単語

ウニョン 우연	偶然
ア ニ ダ 아니다	違う、〜ではない

아니다は「違う」「〜ではない」という否定の意味で、아니에요と言えば、
「違います」の意味。パンマルは아니야「違うよ」。

こんな時に使います

「〜から、〜ので」という意味の接続詞「니까 (ニッカ)」はK-POPの歌詞で韻を踏む際によく登場します。タイトルにもよく使われ、ソン・シギョン＆IUの『첫 겨울이니까 (チョ キョウリニッカ) ／初めての冬だから』やOSTの常連ダビチの『여자이니까 (ヨジャイニッカ) ／女だから』、イ・スンギのデビュー曲『내 여자라니까 (ネ ヨジャラニッカ) ／僕の女だから』などがあります。ぜひ曲を聴きながらこの単語を探してみてください。

\\ マスターしたい！ //

文法の基本① 니까「〜だから」(理由)

用言の語幹＋(으)니까

前の文を理由や前提にして、後ろの文につなぐ接続詞。

「〜だから」などの意味で使います。

前にくる用言の語幹の最後がパッチムなしの時はそのまま니까を、

パッチムありの時は으니까をつけます。

P.57で出てきた아/어서も理由を表しますが、使い方は少し違います。

(으)니까は前にくる文を過去形にすることができ、

文末を命令文や勧誘文にすることができますが、아／어서はそのいずれもできません。

뜨거우니까 천천히 드세요.
（ツトゥゴウニッカ　チョンチョニ　トゥセヨ）
熱いから　　　ゆっくり　召し上がってください。

내가 있으니까 걱정하지 마.
（ネガ　イッスニッカ　コクチョンハジ　マ）
僕が　　　いるから　　心配するな。

추우니까 따뜻하게 입고 와요.
（チュウニッカ　ッタットゥタゲ　イプコ　ワヨ）
寒いから　　　暖かく　　して　来てね。

시간이 없으니까 빨리 하자.
（シガニ　オプスニッカ　パルリ　ハジャ）
時間が　　ないから　急いで　やろう。

어제 배웠으니까 알아요.
（オジェ　ペウォッスニッカ　アラヨ）
昨日　習ったから　わかります。

내가 순호 씨를 아니까요.
（ネガ　スンホ　ッシルル　アニッカヨ）
私が　スンホさんを　知っている（わかっている）からです。

101

スルポド　　ヘンボカン　　チョカル　　スガ　　イッソッソ
슬퍼도 행복한 척할 수가 있었어.

悲しくても幸せなふりができたんだ。

単語

スルプダ 슬프다	悲しい
ド 도	でも、も
チョク 척	ふり

ハル ス ガ イッソッソ
할 수가 있었어は、P.57で紹介した文法할 수 있어 (요)「できる」(「できます」)の過去形할 수 있었어「できた」に、가を入れて強調した形です。

こんな時に使います ✨★

MAMAMOO、セフン&チャニョル、WINNERなど、数々のアーティストの曲のタイトルにもなっている『척 (チョク)』。K-POPはタイトルのフレーズがそのまま歌詞に反映されることが多いので、探してみるとたくさんの「척」を見つけることができます。その前にどんな言葉がついているのかに注目してください。「착한 척 (チャッカン チョク) /いい人のふり」「바쁜 척 (パップン チョク) /忙しいふり」「괜찮은 척 (クェンチャヌン チョク) /大丈夫なふり」など、使えるフレーズが多いのでそのまま覚えてしまいましょう。

文法の基本① 　도「〜でも」「〜も」

用言の語幹＋아/어도

「〜でも」「〜しても」という意味。

用言の語幹に아/어がつく時の活用はP.130参照。

<ruby>울<rt>ウルゴ</rt></ruby>고 <ruby>싶어도<rt>シポド</rt></ruby> <ruby>참아요<rt>チャマヨ</rt></ruby>.
泣きたくても　我慢します。

<ruby>바빠도<rt>パッパド</rt></ruby> <ruby>참석해야<rt>チャムソケヤ</rt></ruby> <ruby>돼요<rt>トゥェヨ</rt></ruby>.
忙しくても　出席しなければ　いけません。

名詞＋도

「〜も」「〜でも」という意味で、さまざまな使い方をします。

<ruby>나도<rt>ナド</rt></ruby> <ruby>커피<rt>コピ</rt></ruby> <ruby>마셔<rt>マショ</rt></ruby>.
私も　コーヒー　飲む。

<ruby>친구도<rt>チングド</rt></ruby> <ruby>같이<rt>カチ</rt></ruby> <ruby>가요<rt>カヨ</rt></ruby>.
友達も　一緒に　行きます。

<ruby>말도<rt>マルド</rt></ruby> <ruby>안돼<rt>アンドゥェ</rt></ruby>.
言葉にも　ならない。→信じられない、ありえない。

<ruby>하나도<rt>ハナド</rt></ruby> <ruby>없어<rt>オプソ</rt></ruby>.
ひとつも　ない。

文法の基本② 　ㄴ/는 척하다「〜なふりをする」「〜するふりをする」

形容詞・動詞の語幹＋ㄴ/는 척해(요)

「〜なふりをする」「〜するふりをする(します)」という意味です。

動詞の語幹にはパッチムあり、なしにかかわらず는を、

形容詞の語幹の最後にパッチムなしの時はㄴ、

パッチムありの時は는をつけます。

<ruby>아는<rt>アヌン</rt></ruby> <ruby>척하지<rt>チョカジ</rt></ruby> <ruby>마<rt>マ</rt></ruby>.
知ったかぶり　しないで。

<ruby>모르는<rt>モルヌン</rt></ruby> <ruby>척했어요<rt>チョケッソヨ</rt></ruby>.
知らない　ふりをしました。

サランイ　オル　コヤ
사랑이 올 거야.

恋が訪れるはず。

単語

オ ダ 오다	来る

오다「来る」はとてもよく使う単語。다녀 오겠습니다「行ってきます」、저 왔어요「私が来ました」→「ただいま」など、日常のあいさつにもよく登場します。

こんな時に使います ✦★

「〜が来るだろう」という意味の「올 거야 (オル コヤ)」ですが、「사랑 (サラン) ／愛」のほかに「봄 (ポム) ／春」と組み合わせた「봄이 올 거야 (ポミ オルコヤ) ／春が来るだろう」という表現もよく耳にします。寒くて人恋しい冬から暖かく穏やかな春になって、この先にはきっとよいことがあるだろう、という気持ちを表しているようです。別れの曲では「돌아올 거야 (トラオル コヤ) ／戻ってくるだろう」がよく使われます。別れたのに戻ってくるはずだという思い。韓国の別れを歌ったバラードは、悲しみにどっぷりとひたる歌詞が多いのです。

文法の基本① ㄹ/을 거예요(거야) 「～でしょう」(「～だろう」)(推測)

用言の語幹＋ㄹ/을 거예요(거야)
ル　　ウル　　コエヨ　（コヤ）

推測や憶測、予定などを表します。

用言 (動詞・形容詞など) の語幹にパッチムなしの時はㄹ 거예요、
ル　コエヨ

ありの時は을 거예요をつけて「～でしょう」「～だと思います」という意味に。
ウル　コエヨ

パンマルは、同様にしてㄹ 거야 または을 거야をつけて、
ル　コヤ　　　　　ウル　コヤ

「～だろう」「～だと思う」という意味になります。

새로이가 꼭 올 거야.
セロイガ　　ッコク　オル　コヤ
セロイが　　きっと　来るよ。

집에 있을 거예요.
チベ　イッスル　コエヨ
家に　いる　でしょう。

이번 주말은 바쁠 거예요.
イボン　チュマルン　パップル　コエヨ
この　週末は　忙しいと思います。

버스가 금방 올 거예요.
ポスガ　クムバン　オル　コエヨ
バスが　すぐ　来る　でしょう。

잘될 거야.
チャルドゥェル　コヤ
うまくいくよ。

언제 오실 거예요?
オンジェ　オシル　コエヨ
いつ　いらっしゃいますか？

<ruby>넌<rt>ノン</rt></ruby> <ruby>모르겠지<rt>モルゲッチ</rt></ruby>?

君は知らないだろうね?

単語

<ruby>넌<rt>ノン</rt></ruby>＝<ruby>너는<rt>ノヌン</rt></ruby>	君は
<ruby>모르다<rt>モルダ</rt></ruby>	知らない、わからない

<ruby>모르다<rt>モルダ</rt></ruby>は「知らない」「わからない」という意味ですが、推測や意思を表す<ruby>겠<rt>ゲッ</rt></ruby>をつけてよく使い、よりやわらかい印象になります。

こんな時に使います ✦

「모르겠다 (モルゲッタ)」の語幹に逆説を表す「〜지만 (チマン) ／〜けど、だが」を付けると、K-POPの歌詞でさらによく使われるフレーズになります。「よくわからないけど…」という場合は「よく」という意味の「잘 (チャル)」を付けて「잘 모르겠지만 (チャル モルゲッチマン)」とすればOK。「わからない」とはっきり言いたい時は「모르겠어요 (モルゲッソヨ)」と言いきりましょう。

文法の基本①　지요？「～でしょう？」「～ですよね？」

用言の語幹＋지(요)?
(チ) (ヨ)

「～でしょう？」「～ですよね？」と相手の同意や確認を求める言い方で、
とてもよく使います。
用言 (動詞や形容詞など) の語幹に、丁寧語は지요？(チヨ)または省略して죠？(チョ)
パンマルは지?(チ)をつけます。

재미있죠?　チェミイッチョ
おもしろいでしょう？

이거 맛있지?　イゴ マシッチ
これ　おいしいでしょ？

어떻게 하죠?　オットケ ハジョ
どうしましょう？

오래 기다리셨지요?　オレ キダリショッチヨ
長く　お待たせしましたよね？

은우가 금방 오겠지?　ウヌガ クムバン オゲッチ
ウヌは　すぐ　来るよね？

名詞＋(이)지(요)?
(イ) (ジ) (ヨ)

名詞の後ろにパッチムなしの時はそのまま지요？(ジヨ)または죠?(ジョ)、
パッチムありの時は이지요？(イジヨ)または이죠?(イジョ)をつけて、
「～ですよね？」と主に相手に確認を求める言い方です。
パンマルは、同様にして이지?(イジ)または지?(ジ)をつけます。

김미소 씨죠?　キムミソ ッシジョ
キム ミソさんですよね？

여기가 서울역이죠?　ヨギガ ソウリョギジョ
ここが　ソウル駅ですよね？

네가 좋아하는 노래지?　ネガ チョアハヌン ノレジ
君が　好きな　歌でしょ？

目指せ！ファンカフェ正会員

　韓国語をマスターしたらやってみたいことの一つが、本場韓国での「덕질（トクチル）／ファン活」ではないでしょうか。コンサートを見るだけではなく、もっと身近に推しを感じたい！サポートしたい！という気持ちが大きくなって、韓国語を勉強し始めたという人もいるはずです。まず挑戦したいのが、韓国のファンクラブへの入会。韓国では、主にSM、YG、JYP、Bighitなどの大手事務所のみが公式ファンクラブを運営しています。会費を払って入会すると、チケット先行予約や音楽番組の公開収録の観覧申し込みができるのは日本のファンクラブと同様。しかし、韓国の場合、入会の募集時期が1年に一度だけでいつでも入会できるわけではないのが違う点です。

　そのため韓国では、多くの人はまず「팬카페（ペンカペ）／ファンカフェ」からスタートするのが一般的です。ちなみにここでいう「카페」とは共通の趣味を持った人々が集まって交流するweb上のコミュニティサービスのこと。K-POPアイドルや俳優の팬카페はカテゴリーの一つで、エンタメ系は主に韓国のポータルサイトDaumが無料で提供しているDaum Cafeで展開されています。팬카페にはファンが開設した非公式のものもありますが、最近は事務所が管理する公式のものが主流のようです。入

会費は無料で、ライブ・イベント、番組出演やリリース情報などがどこよりも早くゲットできるほか、ファン同士のコミュニケーションを楽しめます。また팬카페でしか見られない画像や映像があったり、時には直接、スター本人とやりとりができてしまうなんてこともあるので、誰もが팬카페に入会したいと思うわけです。Daumのアカウントを取得して登録さえすれば準会員という一番下のランクにはなれるものの（実名認証が必要な場合もあります）、その上の正会員にならなければ見られない画像や動画が山ほどあり、本人からのお便りが閲覧できるなどたくさんのメリットがあるので、ファンは正会員になることを目指します。ですが、この審査が実にさまざまで、「팬카페」への訪問回数や掲示板のコメント投稿数の基準をクリアすればいいものもあれば、入試より難関と言われるほどの審査をクリアしなければならないものもあります。その中でも特に有名なのがBTSの팬카페で、その審査は「방탄고사（パンタンコサ）／防弾（少年団）試験」と呼ばれるほど。一度での合格はほぼないと言われ、その難しさはたびたび、新聞記事にもなったほどです。だからこそ正会員になれた時の喜びはひとしおのようです。

　ファン活に注ぐ情熱。それは忙しい毎日に彩りを添えて元気をくれる、栄養剤のようなものなのかもしれません。

アプゴ　ット　アパド
아프고 또 아파도.

苦しくて、すごく苦しくても。

単語

アプダ 아프다	痛い、具合が悪い、(心が) 苦しい
ット 또	また

아프다は「痛い」「具合が悪い」「(心が) 苦しい」などの意味があります。
머리가 아파요と言えば「頭が痛いです」、아파서 쉬었어요と言えば「具合が悪いので休みました」という意味に。

こんな時に使います ✨★

心の苦しさを表現する時に登場するフレーズ。韓国語は意味を強調する際に、よく同じ言葉を2度繰り返します。ドラマなどで耳にするフレーズだと「알았다 알았어 (アラッタ アラッソ) ／わかった、わかった」や「가 간다고 (カ カンダゴ) ／はいはい、行くってば」などです。さらにひんぱんに聞くのが「早く早く」という意味の「빨리빨리 (パルリパルリ)」。同じ言葉が2回繰り返されたら、その言葉が強調されていると思いましょう。

文法の基本① 〜고… 「〜して…する」(先行・並列)

用言の語幹＋고

「〜して (…する)」「〜してから (…する)」など、

前の行動が後ろの行動に先行したり、並列することを表します。

パッチムあり、なしに関係なく、用言の語幹にそのまま고をつければOK。

並列するパターン

アプゴ　スルポヨ
아프고 슬퍼요 .
苦しくて　　悲しいです。

ナム ジャチングガ　モシッコ　チンジョレヨ
남자 친구가 멋있고 친절해요 .
彼氏が　　　かっこよくて　優しいです。

イゴド　チョコ　チョゴド　チョアヨ
이거도 좋고 저거도 좋아요 .
これも　いいし　あれも　いいです。

前の行動が後ろの行動に先行するパターン

パム　モッコ　チベ　カッソヨ
밥 먹고 집에 갔어요 .
ご飯を食べて　家に　帰りました。

イルル　ックンネゴ　カルケヨ
일을 끝내고 갈게요 .
仕事を　終えてから　行きます。

ヨンファルル　ポゴ　シクサルル　ヘッソヨ
영화를 보고 식사를 했어요 .
映画を　観て　食事を　しました。

ナン　ノル　チャジャヤ　ドゥェ
난 널 찾아야 돼.

僕は君を探さなきゃいけない。

単語

ナン　ナヌン 난=나는	私・僕は
ノル　ノルル 널=너를	君・あなたを
チャッタ 찾다	探す、訪ねる

チャッタ
찾다は「探す」という意味の動詞ですが、ほかにも、「訪ねる」「訪問する」や、(銀行などでお金を)「下ろす」など、広い意味で使われます。

こんな時に使います 💫⭐

K-POPの歌詞には「~야 돼 (~ヤ ドゥェ) /~しなきゃいけない」という表現が数多く登場します。東方神起の『"O"-正・反・合』には「가야 돼 (カヤ ドゥェ) /行かなきゃいけない」というフレーズが登場します。この場合の「~야 돼」というのは強い願望を表しています。恋愛に関するフレーズで使われると「안아야 돼 (アナヤ ドゥェ) /抱きしめなきゃいけない」、「사랑해야 돼 (サランヘヤ ドゥェ) /愛さなければいけない」などかなり強いニュアンスになります。愛情表現も濃厚なのが韓国らしいところです。

\\ マスターしたい！ //

文法の基本① 아/어야 돼요「〜しなければいけません」(義務)

用言の語幹＋아/어야 돼(요)

ア オヤ ドゥェ(ヨ)

「〜しなければいけません」という義務を表します。

最後の요を取れば、「しなければいけない」というパンマルに。

用言の語幹に아/어がつく時の活用はP.130参照。

지금 가야 돼요.
チグム カヤ ドゥェヨ
今　　行かなければいけません。

친구를 만나야 돼.
チングルル マンナヤ ドゥェ
友達に　　　会わなきゃ。

꼭 해야 돼요?
ッコク ヘヤ ドゥェヨ
どうしてもしないといけないですか？

여기에 있어야 돼요.
ヨギエ イッソヤ ドゥェヨ
ここに　　　いなければいけません。

맛있어야 되는데….
マシッソヤ ドゥェヌンデ
おいしくなきゃいけないんだけど…。

「〜しなければいけません」は아/어야해 요と言うこともできます。
ア オヤヘ ヨ

ほぼ同じ意味ですが、아/어야 돼요の方がよく使います。
ア オヤ ドゥェヨ

また、「〜でしょう？」と確認や同意を求める지(요)?(P.107)をつけて
ジ(ヨ)

아/어야지(요)?「〜しなきゃだよね？」(「〜しなければいけないですよね？」)
ア オヤジ(ヨ)

という言い方もよくします。

사과해야지요?
サグァヘヤジヨ
謝らないといけないですよね？

한번은 만나봐야지?
ハンボヌン マンナブァヤジ
一度は　　　会ってみないとね？

113

ナエゲマン　チプチュンヘ
나에게만 집중해.

私だけに集中して。

単語

エ ゲ **에게**	～に
マン **만**	だけ、のみ
チプチュンハダ **집중하다**	集中する

マン　　　　　　　　　　　　　　　　　　イゴンマン　　　　　　　　ハナマン
만は「～だけ」という意味で、이것만「これだけ」、하나만「ひとつだけ」、
チャムッカンマン　キダリョ　ジュセヨ
잠깐만 기다려 주세요「少しだけ待ってください」など、日常の場面でも
　　　　　　　　エゲマン
よく使います。에게만は「～だけに」という意味になります。

こんな時に使います ✦⟩⭐

「집중 (チプチュン)」という言葉は漢字の「集中」をハングル読みにしたものです。
この言葉がとにかくK-POPの歌詞にはよく出てきます。主な使い方は「나에게 (ナ
エゲ) /私に」または「너에게 (ノエゲ) /あなたに」、「집중하다 (チプチュンハダ)
/集中する」です。直訳すると「私 (あなた) に集中する」となり、日本語では使
わない表現ですね。「君だけ」「あなただけ」しか見ない、考えないという意味にな
るので、恋愛に関してはロマンチストが多い韓国人らしい表現だと思います。

文法の基本① 에게「〜に」（人、動物に対して）

人、動物＋에게 (エゲ)

「〜に」という意味の助詞です。人や動物以外の場合は에を使います。

同様に、人や動物「に」という意味で한테という言い方もあるので、

一緒に覚えましょう。

에게は手紙やメールなど文章でよく使い、한테は主に会話で使います。

정한 씨에게 전해 주세요.
（チョンハン ッシエゲ チョネ ジュセヨ）
チョンハンさんに　　伝えて　　ください。

친구에게 생일 선물을 줬어요.
（チングエゲ センイル ソンムルル チョッソヨ）
友達に　　誕生日の　プレゼントを　あげました。

이 가수가 젊은 사람들에게 인기가 있어요.
（イ カスガ チョルムン サラムドゥレゲ インキガ イッソヨ）
この　歌手は　　若い　　人たちに　　人気が　あります。

나에게도 사랑이 올까?
（ナエゲド サランイ オルカ）
私にも　　愛が　　やってくるかしら？

이 옷이 에진 씨한테 잘 어울려요.
（イ オシ イェジン ッシハンテ チャル オウルリョヨ）
この　服は　　イェジンさんに　よく　似合います。

엄마한테 물어봤어.
（オムマハンテ ムロバッソ）
お母さんに　　聞いてみた。

나한테 왜 이래?
（ナハンテ ウェ イレ）
私に　どうしてこんなことするの？

115

ミロネリョゴ　ハミョン　ハルスロク
밀어내려고 하면 할수록.

追い出そうとすればするほど。

単語

ミロネダ 밀어내다	押し出す、追い出す

밀어내다 「押し出す」「追い出す」は밀다 「押す」と내다 「出す」の2つの動詞を組み合わせた複合動詞です。

こんな時に使います ✦★

K-POPで「밀어내다 (ミャネダ) ／押し出す、追い出す」が登場するのは「あなた」や「思い出」や「恋心」を頭や心から追い出す、というシチュエーション。消すや忘れるではなく、追い出すという言葉を使うところから、忘れようにも忘れられない熱く切ない思いが伝わってきますね。「밀어내다」のように「내다 (ネダ) ／出す」がついた複合動詞は、ほかにも「찾아내다 (チャジャネダ／探し出す」、「이겨내다 (イギョネダ) ／打ち勝つ」などたくさんあります。

\\ マスターしたい！//

文法の基本① 려고 하다「〜しようとする」「〜しようと思う」(意図・計画)

動詞の語幹＋(ウ)(으)(リョゴ)려고 (ヘ)해((ヨ)요)

動詞の語幹について、意図や計画を表します。
語幹の最後がパッチムなしの時は(リョゴ)려고 (ヘ)해((ヨ)요)、
パッチムありの時は(ウリョゴ)으려고 (ヘ)해((ヨ)요)をつけます。

(チュマレ)주말에 (ヨヘン)여행 (カリョゴ)가려고 (ヘヨ)해요.
週末に　　旅行に　　行こうと　　思います。

(ハングンマルル)한국말을 (ペウリョゴ)배우려고 (ヘヨ)해요.
韓国語を　　習おうと　　思います。

(チェグル)책을 (イルグリョゴ)읽으려고 (ヘ)해.
本を　　読もうと　　思う。

\\ マスターしたい！//

文法の基本② (으)면 〜ㄹ/을수록「〜すればするほど」

用言の語幹＋(ウ)(으)(ミョン)면 〜(ル)ㄹ/(ウルスロク)을수록

同じ動詞または形容詞を繰り返して使い、「〜すればするほど」という意味になります。
用言の語幹の最後がパッチムなしの時は(ミョン)면〜(ルスロク)ㄹ수록、
パッチムありの時は(ウミョン)으면 〜(ウルスロク)을수록をつけます。

(センガカミョン)생각하면 (ハルスロク)할수록 (ファガ)화가 (ナヨ)나요.
考えれば　　考えるほど　　腹が立ちます。

(ソンニミ)손님이 (マヌミョン)많으면 (マヌルスロク)많을수록 (チョアヨ)좋아요.
お客さんが　　多ければ　　多いほど　　いいです。

(ハングゴヌン)한국어는 (ヨンスパミョン)연습하면 (ハルスロク)할수록 (シルリョギ)실력이 (ヌロヨ)늘어요.
韓国語は　　練習すれば　　するほど　　実力が　　上がります。

117

ネゲ　タガガゴ　シポ
네게 다가가고 싶어.

君に近づきたい。

単語

ネゲ　ノエゲ 네게＝너에게	君に、あなたに
タガガダ 다가가다	近づく

다가가다は「近づく」「近づいていく」という意味。다가오다と言えば、「近づいてくる」という意味になります。

こんな時に使います ⭐

「다가가다 (タガガダ)」は「다가서다 (タガソダ) ／近づく」に「가다 (カダ) ／行く」がついてできた言葉です。「가다」の反対語は「오다 (オダ) ／来る」なので、こちらへ「近づいて来る」場合は「오다」をつけて「다가오다 (タガオダ) ／近づく」となります。K-POPのラブソングでは、この「가다」と「오다」がつく動詞の使い方を見ると、歌の中のカップルのうちどちらが、相手を思う気持ちがより強いのか自ずと見えてきて、おもしろいのです。

文法の基本① 고 싶어 (요) 「〜したい」 (「〜したいです」)

用言の語幹＋고 싶어 (요)
（ゴ）（シポ）（ヨ）

「〜したい」 (「〜したいです」) という表現で、とてもよく使います。

パッチムのあり、なしに関係なく、用言の語幹の後ろにそのまま고 싶어요をつければOK。

불고기 먹고 싶어 .
（プルコギ）（モッコ）（シポ）
プルコギ　　　食べたい。

보고 싶어요 .
（ボゴ）（シポヨ）
会いたいです。

뭘 먹고 싶어요？
（ムォル）（モッコ）（シポヨ）
何を　　　食べたいですか？

영화를 보고 싶어요 .
（ヨンファルル）（ボゴ）（シポヨ）
映画を　　　観たいです。

부산에 가고 싶어요 .
（プサネ）（カゴ）（シポヨ）
釜山に　　　行きたいです。

文法の基本② 가다、오다を使った複合動詞

〜가다、〜오다
（カダ）（オダ）

가다 「行く」、오다 「来る」 にはほかの動詞や接頭語などと組み合わせた

複合動詞がたくさんあります。よく使うものを覚えましょう。

가다を使った複合動詞

다가가다
（タガガダ）
近づいていく

나가다
（ナガダ）
出ていく

들어가다
（トゥロガダ）
入っていく

따라가다
（ッタラガダ）
ついていく

찾아가다
（チャジャガダ）
会いにいく、訪れる

지나가다
（チナガダ）
通り過ぎる

오다を使った複合動詞

다가오다
（タガオダ）
近づいてくる

나오다
（ナオダ）
出てくる

들어오다
（トゥロオダ）
入ってくる

따라오다
（ッタラオダ）
ついてくる

돌아오다
（トラオダ）
帰ってくる、戻る

K-POPの歌詞によくある一言フレーズ

난 기다릴게.
<small>ナン キダリルケ</small>

僕は待つよ。

난＝나는（ナン＝ナヌン）／僕は、私は　기다리다（キダリダ）／待つ

너밖에 없어.
<small>ノバッケ オプソ</small>

あなたしかいない。

밖에（パッケ）／～しか　없다（オプタ）／ない、いない

날 떠나지 마.
<small>ナル ットナジ マ</small>

僕から去らないで。

날＝나를（ナル＝ナルル）／僕を、私を　떠나다（ットナダ）／去る、離れる、出発する
말다（マルダ）／しない

＊失恋ソングによく出てくるフレーズ。同じようなフレーズに「가지마（カジマ）／行かないで」が
ありますが、「떠나다（ットナダ）」は「（ある場所から）去る、離れる」という意味となり、恋愛関係だっ
たはずの男女の別れがより切なく伝わるようです。

날 믿어 줘.
<small>ナル ミド ジュォ</small>

僕を信じて。

믿다（ミッタ）／信じる　주다（チュダ）／あげる

널 갖고 싶어.
<small>ノル カッコ シポ</small>

君を手に入れたい。

널＝너를（ノル＝ノルル）／君を、あなたを　갖다＝가지다（カッタ＝カジダ）／持つ
싶다（シプタ）／～したい

＊「갖고 싶어（カッコ シポ）」は「가지다（カジダ）／持つ」の縮約形「갖다（カッタ）」に「싶어（シポ）
／したい」がついて「手に入れたい、自分のものにしたい」という意味になります。K-POPのラブ
ソングでは「원하다（ウォナダ）／望む」というフレーズも似たような意味でよく使われます。

너만 있으면 돼.
ノマン　イッスミョン　トゥェ

君さえいればいい。

만 (マン) ／さえ、だけ　있다 (イッタ) ／いる、ある

되다 (トゥェダ) ／できる、なる、充分だ

너는 내꺼.
ノヌン　ネッコ

あなたは私のもの。

＊「내꺼」は「내 것 (ネ ッコッ) ／私のもの」の口語形「내거 (ネッコ)」の発音をそのまま字に表したものだと言われています。つづりとしては間違いなのですが、K-POPのタイトルや歌詞にもよく登場し、昨今の若者の間ではこのつづりが主流となっています。

널 위해서라면.
ノル　ウィヘソラミョン

君のためならば。

위해서 (ウィヘソ) ／〜のために　라면 (ラミョン) ／〜なら、〜だというのなら

사랑스러워.
サランスロウォ

愛らしい。

사랑 (サラン) ／愛　스럽다 (スロプタ) ／〜らしい

＊「사랑 (サラン) ／愛」に「스러워 (スロウォ) ／〜らしい」がついた言葉。
恋人や子どもなどがかわいくてしょうがない、というニュアンスを表します。

어쩌면 좋아.
オッチョミョン　チョア

どうすればいいの。

어쩌면 (オッチョミョン) ／どうすれば　좋다 (チョタ) ／よい、いい、好き

K-POPを歌って韓国語マスター

皆さんが大好きなK-POPの曲は楽しみながら韓国語の勉強ができる最高のツールになります。ではどのように勉強すればいいのか。好きな曲なら何でもいいわけではありません。最初は言葉が聞き取りやすいスローテンポの曲をお薦めします。次にとにかく何度も聞きまくる！　この時、歌詞に曲のタイトルは出てくるか、繰り返し聞こえる言葉はあるか、を意識しながら聞いてみましょう。耳がとらえる言葉に集中します。耳が慣れてきたら、歌詞と発音をチェック。歌詞を見ながら自分が聞き取った言葉を確認し、翻訳アプリのPapagoに歌詞を打ち込めば、和訳がわかるだけでなく発音も聞けるので一石二鳥（P.10参照）。正しい発音を覚えます。訳がわかったら、個別の知らない単語やフレーズは、必ず辞書を使って自分で調べましょう。自分で調べたことは長く記憶に残るものなのです。歌詞を書き写すのもいいと思います。

　仕上げは一緒に歌ってみる！　歌詞を目で追うだけでなく、声に出してアウトプットすることが大事。歌詞を曲にうまくのせられない場合は、音楽ストリーミングアプリの、曲に合わせて歌詞が順に表示される機能を使うと歌いやすくなります。言葉はメロディと一緒なら覚えやすいので、歌詞は丸暗記してしまいましょう。推しの曲だと思えば、頑張れるはず。ハードルが高いという人は、初めはサビの部分だけでもOKです。大好きな曲でいろんなことが学べてしまうこの方法を毎日のルーティンにして、楽しみながら韓国語を勉強してください。私自身が英語曲を教材にして同じ方法で学び、英語をマスターするのに大いに役立ったという経験をしています。ぜひ、皆さんもトライしてみてください。

Chapter 5

日常会話の丸暗記フレーズ

「何？」「なぜ？」「どこ？」などの
疑問詞を使った疑問文と
いろいろな場面で使えるあいさつ文を紹介します。
そのまま覚えておけば、必ず役立ちます。

よく使う疑問のフレーズ

| ムォ
뭐
何 | 이름이 뭐예요？
（名前は何ですか？）
イルミ ムォエヨ

이거 뭐예요？
（これは何ですか？）
イゴ ムォエヨ |

뭐 — ムォ / 何

이름이 뭐예요？ (イルミ ムォエヨ)
（名前は何ですか？）

이거 뭐예요？ (イゴ ムォエヨ)
（これは何ですか？）

누구 — ヌグ / 誰

누구를 만났어요？ (ヌグルル マンナッソヨ)
（誰に会いましたか？）

언제 — オンジェ / いつ

생일이 언제예요？ (センイリ オンジェエヨ)
（誕生日はいつですか？）

언제 가요？ (オンジェ カヨ)
（いつ行きますか？）

어디 — オディ / どこ

어디서 만날까요？ (オディソ マンナルッカヨ)
（どこで会いましょうか？）

화장실이 어디예요？ (ファジャンシリ オディエヨ)
（トイレはどこですか？）

왜
ウェ
なぜ

왜 한국말을 배우세요?
ウェ ハングンマルル ペウセヨ
(どうして韓国語を習うんですか?)

한국 음악을 좋아해서요.
ハングク ウマグル チョアヘソヨ
(韓国の音楽が好きだからです。)

어떻게
オットケ
どのように

어떻게 하면 돼요?
オットケ ハミョン トゥエヨ
(どうしたらいいですか?)

성함이 어떻게 되세요?
ソンハミ オットケ トゥエセヨ?
(お名前は何ですか?)
→이름이 뭐예요?より丁寧な言い方。
イルミ ムォエヨ

몇
ミョッ
いくつ

몇 분이세요?
ミョッ プニセヨ
(何名様ですか?)

몇 살이에요?
ミョッ サリエヨ
(何歳ですか?)

얼마
オルマ
いくら

얼마예요?
オルマエヨ
(いくらですか?)

Chapter 5 日常会話の丸暗記フレーズ

基本のあいさつ

● 初対面や目上の人にも使えるフォーマルな言い方

「<ruby>安<rt>アン</rt></ruby><ruby>녕<rt>ニョン</rt></ruby><ruby>하<rt>ハ</rt></ruby><ruby>세<rt>セ</rt></ruby><ruby>요<rt>ヨ</rt></ruby>」　（こんにちは）

「안녕히 가세요」（アンニョンヒ ガセヨ）　（さようなら／相手が去る時）

「안녕히 계세요」（アンニョンヒ ゲセヨ）　（さようなら／相手が残る時）

「다음에 또 봬요」（タウメ ット プェヨ）　（次回またお目にかかりますね）

● 友人同士などで使えるちょっとくだけた言い方

「안녕」（アンニョン）　（やあ、じゃあね）

「잘 가(요)」（チャル ガ(ヨ)）　（お気を付けて／相手が去る時）

「잘 있어(요)」（チャル イッソ(ヨ)）　（さよなら／相手が残る時）

「또 만나(요)」（ット マンナ(ヨ)）　（またね）

→요をつけるとやや丁寧、取るとパンマルになります。

初対面のあいさつと自己紹介

「만나서 반갑습니다」
（お会いできてうれしいです／フォーマル）

「만나서 반가워요」　（お会いできてうれしいです／丁寧）

「제 이름은 ○○입니다」　（私の名前は○○です）

「저는 ○○예요」　（私は○○です）

「일본에서 왔습니다」　（日本から来ました）

「○○를 좋아해요」　（○○が好きです）
→○○にはスポーツ、食べ物、人など何でも入れられますが、例えば한국 드라마（韓国ドラマ）、好きな歌手やグループの名前などを入れても！

「○○의 팬이에요」　（○○のファンです）

「네」　（はい）

「아니요」　（いいえ）

感謝と謝罪／その他のあいさつ

「감사합니다」 〔カムサハムニダ〕　（ありがとうございます）

「고마워요」 〔コマウォヨ〕　（ありがとう）

「죄송해요」 〔チェソンヘヨ〕　（申し訳ありません）

「미안해요」 〔ミアネヨ〕　（ごめんなさい）

「아니에요」 〔アニエヨ〕　（気にしないで）

→「いいえ」の意味ですが、「ごめんなさい」といわれた返事として使う時は「気にしないで」といった意味になります。

「오랜만이에요」 〔オレンマニエヨ〕　（お久しぶりです）

「연락할게요」 〔ヨルラカルケヨ〕　（ご連絡します）

「잘 먹겠습니다」 〔チャル モッケッスムニダ〕　（いただきます）

「잘 먹었습니다」 〔チャル モゴッスムニダ〕　（ごちそうさまでした）

Chapter 6

一目でわかる
活用表

動詞や形容詞は活用すると形が変わるので
活用のしかたを覚えることが必要です。
基本的な活用と、変則活用のパターンを表にしました。
この単語はどう変わるんだっけ、と思うたびに
繰り返し確認して、身につけていきましょう。

［아(ア)/어(オ)がつく時の活用］

やわらかな丁寧語아요(アヨ)/어요(オヨ)「～です」(P.37)やパンマル～아(ア)/어(オ)「だよ」(P.67)、아(ア)/어(オ)주세요(ジュセヨ)「～してください」(P.35)など、多くのケースで使う活用です。用言(動詞や形容詞など)の基本形から、最後の다を取ったもの＝「語幹」を活用させます。単純に아や어がつくだけではなく、ほかの文字に入り込んで脱落するなどの場合があり、最初はちょっと複雑に感じるかもしれませんが、一度覚えてしまえばさまざまな表現で使えて、韓国語の基礎がバッチリ身につきます！

STEP1　パッチムなしの用語の基本活用（規則活用）

語幹の最後の母音が ├、┤、┤、├、├ の場合は、そのまま

가다(カダ)「行く」 ➡ 가요(カヨ)「行きます」

語幹の最後の母音が ┴、┬、│、┴ の場合は、
それぞれ ┴├、┬┤、┤、┴├ がつく

오다(オダ)「来る」 ➡ 와요(ワヨ)「来ます」　배우다(ペウダ)「習う」 ➡ 배워요(ペウォヨ)「習います」

기다리다(キダリダ)「待つ」 ➡ 기다려요(キダリョヨ)「待ちます」　되다(トゥェダ)「なる」 ➡ 돼요(トゥェヨ)「なります」

語幹の最後の文字が 하 の場合は、해 になる

사랑하다(サランハダ)「愛する」 ➡ 사랑해요(サランヘヨ)「愛します」

STEP2　パッチムありの用語の基本活用（規則活用）

語幹の最後の母音が ├、┴ の場合は、아(ア)がつく

좋다(チョッタ)「いい」 ➡ 좋아요(チョアヨ)「いいです」　많다(マンタ)「多い」 ➡ 많아요(マナヨ)「多いです」

それ以外の場合は、어がつく

먹다「食べる」 ➡ 먹어요「食べます」   있다「ある」 ➡ 있어요「あります」

[으不規則活用]

語幹の最後の母音が―の場合、

―の前の母音が ㅏ、ㅗ なら、으が脱落して ㅏがつく

바쁘다「忙しい」 ➡ 바빠요「忙しいです」

―の前の母音が ㅏ、ㅗ 以外か、前に母音がなければ、
으が脱落して ㅓがつく

예쁘다「きれいだ」 ➡ 예뻐요「きれいです」
쓰다「書く」 ➡ 써요「書きます」

[르不規則活用]

語幹の最後の文字が 르の場合
르の前の母音が ㅏ、ㅗ なら、ㄹ라に変わる

다르다「違う」 ➡ 달라요「違います」
모르다「知らない」 ➡ 몰라요「知りません」

それ以外なら、ㄹ러に変わる

부르다「呼ぶ」 ➡ 불러요「呼びます」
흐르다「流れる」 ➡ 흘러요「流れます」

131

[아/어または으がつく時の不規則活用]

一部の用語は、前の見開きで説明した아/어がつく時に加えて、
語幹にパッチムのある動詞や形容詞などのあとに으がつく時、語幹の最後が変化します。
例えば、〜(으)세요「〜なさいます」「〜なさってください」(P.41)、〜을 거예요「〜でしょう」「〜だと思います」(P.105) などの場合です。

[ㄷ不規則活用]

語幹がㄷで終わる一部の用語は、ㄷがㄹに変化する

듣다「聞く」 ➡ 들어요「聞きます」、들으세요「聞いてください」
トゥッタ　　　　　トゥロヨ　　　　　　　　トゥルセヨ

걷다「歩く」 ➡ 걸어요「歩きます」、걸으세요「歩いてください」
コッタ　　　　　コロヨ　　　　　　　　コルセヨ

※次のように語幹の最後がㄷでも、規則活用する動詞もあるので注意しましょう。
받다「受け取る」 ➡ 받아요「受け取ります」、받으세요「受け取ってください」
パッタ　　　　　　パダヨ　　　　　　　　　　パドゥセヨ

믿다「信じる」 ➡ 믿어요「信じます」、믿으세요「信じてください」
ミッタ　　　　　ミドヨ　　　　　　　　ミドゥセヨ

[ㅅ不規則活用]

語幹がㅅで終わる一部の用語は、ㅅが脱落する

낫다「治る」 ➡ 나아요「治ります」、나을 거예요「治るでしょう」
ナッタ　　　　　ナアヨ　　　　　　　　ナウル　コエヨ

짓다「建てる」 ➡ 지어요「建てます」、지을 거예요「建てるでしょう」
チッタ　　　　　　チオヨ　　　　　　　　チウル　コエヨ

※次のように語幹の最後がㅅでも、規則活用する動詞もあるので注意しましょう。
웃다「笑う」 ➡ 웃어요「笑います」、웃으세요「笑ってください」
ウッタ　　　　　ウソヨ　　　　　　　　ウスセヨ

씻다「洗う」 ➡ 씻어요「洗います」、씻으세요「洗ってください」
ッシッタ　　　　　ッシソヨ　　　　　　　　ッシスセヨ

［ㅂ不規則活用］

語幹がㅂで終わる用語の多くは、ㅂが우に変わる

<ruby>어렵다<rt>オリョプタ</rt></ruby>「難しい」 ➡ <ruby>어려워요<rt>オリョウォヨ</rt></ruby>「難しいです」、<ruby>어려우세요<rt>オリョウセヨ</rt></ruby>？「難しいですか？」

<ruby>춥다<rt>チュプタ</rt></ruby>「寒い」 ➡ <ruby>추워요<rt>チュウォヨ</rt></ruby>「寒いです」、<ruby>추우세요<rt>チュウセヨ</rt></ruby>？「寒いですか？」

※次の単語は例外なので注意しましょう。

<ruby>돕다<rt>トプタ</rt></ruby>「手伝う」 ➡ <ruby>도와요<rt>トワヨ</rt></ruby>「手伝います」、<ruby>도울게요<rt>トウルケヨ</rt></ruby>「お手伝いします」

<ruby>곱다<rt>コプタ</rt></ruby>「きれいだ」 ➡ <ruby>고와요<rt>コワヨ</rt></ruby>「きれいです」、<ruby>고우세요<rt>コウセヨ</rt></ruby>「おきれいです」

※次の単語のように、規則活用する用言もあります。

<ruby>입다<rt>イプタ</rt></ruby>「着る」 ➡ <ruby>입어요<rt>イボヨ</rt></ruby>「着ます」　<ruby>잡다<rt>チャプタ</rt></ruby>「つかまえる」 ➡ <ruby>잡아요<rt>チャバヨ</rt></ruby>「つかまえます」

［その他の時の不規則活用］

［ㄹ不規則活用］

語幹がㄹで終わる場合は、そのあとにㄴ、ㅂ、ㅅがくるとㄹが脱落する

単語例	＋<ruby>ㅂ니다<rt>ムニダ</rt></ruby>	＋<ruby>는<rt>ヌン</rt></ruby>	＋<ruby>세요<rt>セヨ</rt></ruby>
<ruby>살다<rt>サルダ</rt></ruby> 「住む」	<ruby>삽니다<rt>サムニダ</rt></ruby> 「住みます」	<ruby>사는<rt>サヌン</rt></ruby> <ruby>집<rt>チプ</rt></ruby> 「住んでいる家」	<ruby>사세요<rt>サセヨ</rt></ruby> 「住んでいらっしゃいます」
<ruby>울다<rt>ウルダ</rt></ruby> 「泣く」	<ruby>웁니다<rt>ウムニダ</rt></ruby> 「泣さます」	<ruby>우는<rt>ウヌン</rt></ruby> <ruby>얼굴<rt>オルグル</rt></ruby> 「泣いている顔」	<ruby>우세요<rt>ウセヨ</rt></ruby> 「泣いていらっしゃいます」

よく使う動詞・形容詞の活用一覧表

			아 / 어요 ～ます	았 / 었어요 ～ました（過去形）	지 않아요 ～しません（否定形）
動詞	パッチムなし	カダ **가다** 行く	カヨ **가요**	カッソヨ **갔어요**	カジ アナヨ **가지 않아요**
		オダ **오다** 来る	ワヨ **와요**	ワッソヨ **왔어요**	オジ アナヨ **오지 않아요**
		ポダ **보다** 見る	ポァヨ **봐요**	ポァッソヨ **봤어요**	ポジ アナヨ **보지 않아요**
		チュダ **주다** あげる	チュオヨ **줘요**	チュオッソヨ **줬어요**	チュジ アナヨ **주지 않아요**
		マシダ **마시다** 飲む	マショヨ **마셔요**	マショッソヨ **마셨어요**	マシジ アナヨ **마시지 않아요**
		ペウダ **배우다** 習う	ペウォヨ **배워요**	ペウォッソヨ **배웠어요**	ペウジ アナヨ **배우지 않아요**
		トゥエダ **되다** なる	トゥエヨ **돼요**	トゥエッソヨ **됐어요**	トゥエジ アナヨ **되지 않아요**
		ハダ **하다** する	ヘヨ **해요**	ヘッソヨ **했어요**	ハジ アナヨ **하지 않아요**
	パッチムあり	パッタ **받다** 受け取る	パダヨ **받아요**	パダッソヨ **받았어요**	パッチ アナヨ **받지 않아요**
		チャプタ **잡다** つかまえる	チャバヨ **잡아요**	チャバッソヨ **잡았어요**	チャプチ アナヨ **잡지 않아요**
		モクタ **먹다** 食べる	モゴヨ **먹어요**	モゴッソヨ **먹었어요**	モクチ アナヨ **먹지 않아요**
		イプタ **입다** 着る	イボヨ **입어요**	イボッソヨ **입었어요**	イプチ アナヨ **입지 않아요**

＊마시다「飲む」、먹다「食べる」の尊敬語は드시다「召し上がる」です。

세요「～なさいます」「～なさってください」という表現を使う時は、通常드시다を使い、드세요となります。

(으)세요 ~なさいます、 ~なさってください	고 싶어요 ~したいです	ㄹ/을 거예요 ~するでしょう (推測)	겠어요 ~します (意志)	아 / 어서 ~して、 ~なので	는데 ~ですが、 ~だけど
カセヨ **가세요**	カゴ　シポヨ **가고 싶어요**	カル　コエヨ **갈 거예요**	カゲッソヨ **가겠어요**	カソ **가서**	カヌンデ **가는데**
オセヨ **오세요**	オゴ　シポヨ **오고 싶어요**	オル　コエヨ **올 거예요**	カゲッソヨ **가겠어요**	ワソ **와서**	オヌンデ **오는데**
ポセヨ **보세요**	ポゴ　シポヨ **보고 싶어요**	ポル　コエヨ **볼 거예요**	ポゲッソヨ **보겠어요**	ポァソ **봐서**	ポヌンデ **보는데**
チュセヨ **주세요**	チュゴ　シポヨ **주고 싶어요**	チュル　コエヨ **줄 거예요**	チュゲッソヨ **주겠어요**	チュォソ **줘서**	チュヌンデ **주는데**
マシセヨ (ドゥセヨ) **마시세요** (드세요)*	マシゴ　シポヨ **마시고 싶어요**	マシル　コエヨ **마실 거예요**	マシゲッソヨ **마시겠어요**	マショソ **마셔서**	マシヌンデ **마시는데**
ペウセヨ **배우세요**	ペウゴ　シポヨ **배우고 싶어요**	ペウル　コエヨ **배울 거예요**	ペウゲッソヨ **배우겠어요**	ペウォソ **배워서**	ペウヌンデ **배우는데**
トゥェセヨ **되세요**	トゥェゴ　シポヨ **되고 싶어요**	トゥェル　コエヨ **될 거예요**	トゥェゲッソヨ **되겠어요**	トゥェソ **돼서**	トゥェヌンデ **되는데**
ハセヨ **하세요**	ハゴ　シポヨ **하고 싶어요**	ハル　コエヨ **할 거예요**	ハゲッソヨ **하겠어요**	ヘソ **해서**	ハヌンデ **하는데**
パドゥセヨ **받으세요**	パッコ　シポヨ **받고 싶어요**	パドゥル　コエヨ **받을 거예요**	パッケッソヨ **받겠어요**	パダソ **받아서**	パンヌンデ **받는데**
チャブセヨ **잡으세요**	チャプコ　シポヨ **잡고 싶어요**	チャブル　コエヨ **잡을 거예요**	チャプケッソヨ **잡겠어요**	チャバソ **잡아서**	チャム ヌンデ **잡는데**
モグセヨ (ドゥセヨ) **먹으세요** (드세요)*	モッコ　シボヨ **먹고 싶어요**	モグル　コエヨ **먹을 거예요**	モッケッソヨ **먹겠어요**	モゴソ **먹어서**	モンヌンデ **먹는데**
イブセヨ **입으세요**	イプコ　シボヨ **입고 싶어요**	イブル　コエヨ **입을 거예요**	イプケッソヨ **입겠어요**	イボソ **입어서**	イムヌンデ **입는데**

		아 / 어요 〜ます	았 / 었어요 〜ました（過去形）	지 않아요 〜しません（否定形）
動詞 パッチムあり	ミッタ **믿다** 信じる	ミドヨ **믿어요**	ミドッソヨ **믿었어요**	ミッチ　アナヨ **믿지 않아요**
	サルダ **살다** 住む、生きる	サラヨ **살아요**	サラッソヨ **살았어요**	サルジ　アナヨ **살지 않아요**
	ウッタ **웃다** 笑う	ウソヨ **웃어요**	ウソッソヨ **웃었어요**	ウッチ　アナヨ **웃지 않아요**
	ウルダ **울다** 泣く	ウロヨ **울어요**	ウロッソヨ **울었어요**	ウルジ　アナヨ **울지 않아요**
	イッタ **있다** いる、ある	イッソヨ **있어요**	イッソッソヨ **있었어요**	オプソヨ　※ **없어요**

		아 / 어요 〜です	았 / 었어요 〜でした（過去形）	지 않아요 〜ではありません（否定形）
形容詞 パッチムなし	パップダ **바쁘다** 忙しい	パッパヨ **바빠요**	パッパッソヨ **바빴어요**	パップジ　アナヨ **바쁘지 않아요**
パッチムあり	マンタ **많다** 多い	マナヨ **많아요**	マナッソヨ **많았어요**	マンチ　アナヨ **많지 않아요**
	チョタ **좋다** いい、好き	チョアヨ **좋아요**	チョアッソヨ **좋았어요**	チョッチ　アナヨ **좋지 않아요**
	チュプタ **춥다** 寒い	チュウォヨ **추워요**	チュウォッソヨ **추웠어요**	チュプチ　アナヨ **춥지 않아요**
	トプタ **덥다** 暑い	トウォヨ **더워요**	トウォッソヨ **더웠어요**	トプチ　アナヨ **덥지 않아요**
	マシッタ **맛있다** おいしい	マシッソヨ **맛있어요**	マシッソッソヨ **맛있었어요**	マドプソヨ　※ **맛없어요**

※動詞の있다を否定形にする時は、反意語の없다を使います。
※맛있다など있다がつく形容詞は、否定形にする時は反意語の없다を使って맛없다のようにします。

(으)세요 ~なさいます、 ~なさってください	고 싶어요 ~したいです	ㄹ/을거에요 ~するでしょう （推測）	겠어요 ~します（意志）	아/어서 ~して、 ~なので	는데 ~ですが、 ~だけど
ミドゥセヨ 믿으세요	ミッコ シッポヨ 믿고 싶어요	ミドゥル コエヨ 믿을 거예요	ミッケッソヨ 믿겠어요	ミドソ 믿어서	ミンヌンデ 믿는데
サセヨ 사세요	サルゴ シッポヨ 살고 싶어요	サル コエヨ 살 거예요	サルゲッソヨ 살겠어요	サラソ 살아서	サヌンデ 사는데
ウスセヨ 웃으세요	ウッコ シッポヨ 웃고 싶어요	ウスル コエヨ 웃을 거예요	ウッケッソヨ 웃겠어요	ウソソ 웃어서	ウンヌンデ 웃는데
ウセヨ 우세요	ウルゴ シッポヨ 울고 싶어요	ウル コエヨ 울 거예요	ウルゲッソヨ 울겠어요	ウロソ 울어서	ウヌンデ 우는데
イッスセヨ 있으세요	イッコ シッポヨ 있고 싶어요	イッスル コエヨ 있을 거예요	イッケッソヨ 있겠어요	イッソソ 있어서	インヌンデ 있는데
(으)세요 ~でいらっしゃいます	−	ㄹ/을거에요 ~でしょう（推測）	겠어요 ~でしょう（推測）	아/어서 ~なので	ㄴ/은데 ~だけど
パップセヨ 바쁘세요	−	パップル コエヨ 바쁠 거예요	パップゲッソヨ 바쁘겠어요	パッパソ 바빠서	パップンデ 바쁜데
マヌセヨ 많으세요	−	マヌル コエヨ 많을 거예요	マンケッソヨ 많겠어요	マナソ 많아서	マヌンデ 많은데
チョウセヨ 좋으세요	−	チョウル コエヨ 좋을 거예요	チョッケッソヨ 좋겠어요	チョアソ 좋아서	チョウンデ 좋은데
チュウセヨ 추우세요	−	チュウル コエヨ 추울 거예요	チュプケッソヨ 춥겠어요	チュウォソ 추워서	チュウンデ 추운데
トゥウセコ 더우세요	−	トゥル コエヨ 더울 거예요	トプケッソヨ 덥겠어요	トゥウォソ 더워서	トゥウンデ 더운데
マシッスセヨ 맛있으세요	−	マシッスル コエヨ 맛있을 거예요	マシッケッソヨ 맛있겠어요	マシッソソ 맛있어서	マシンヌンデ 맛있는데

感謝を込めて

初めての著書『スマホでコメントできる　短い韓国語』に続いて、新しい本を皆さまに届けることができました。本当にうれしい限りです。

ニューノーマルという言葉とともに、今までの「当たり前」がもう当たり前ではなくなった世の中。エンタメの分野も同様で、楽しみにしていたイベントが次々と中止になり、コンサートに出かけることができなくなるとは想像もしていませんでした。コンサートやイベントのチケットを取るために必死にがんばったことや、遠征に出かける準備など、一生懸命に推しを追いかけていた日々を愛おしく思い出す人も多いことでしょう。私もイベント自粛でMCという仕事から遠ざかることになって初めて、ファンの皆さんの前に立つ時の緊張感や、今日はどんな笑顔が見られるかな、というワクワク感がかけがえのないものだったと気づかされました。

けれども、悲観してばかりはいられない。何かできること、新しいことを始めなきゃという思いで、前作を出版した直後から韓国語のオンライン講座を始めました。楽しみを奪われてしまった今、皆さんに韓国語をお教えすることで楽しさや元気が伝えられれば、という思いでした。どうすれば皆さんの韓国語力がアップするのか、より楽しいレッスンにするには、と試行錯誤を繰り返しました。アイデアが浮かぶたびにトライし、生

徒さんたちの反応を見ながらさらにブラッシュアップしていく。その過程で気づいたのです、私は生徒さんたちの楽しんで学ぶ姿に励まされているのだということを。制限が多く、落ち込みがちな日々でも、心持ちさえあればそれを乗り越えられるのだと痛感しました。

　今回の本を作るにあたって、この不自由な状況の中でも皆さんが楽しんで韓国語を学べる方法を提案しようと考えたのは、自然な流れでした。今まで韓国語サロンで出会った皆さんや、オンライン講座でつながった皆さん、そしてSNSなどを通してつながっている皆さんのおかげで、この本は生まれたと思っています。本当にありがとうございます！

　コンサートに行けなくてもオンラインライブがあり、アーカイブがあれば何度でも推しのMCを聞き返すことができます。韓国ドラマに目覚めたのなら、いろんなツールを使ってドラマで勉強することができます。忙しい日々の中でひとときの楽しみを与えてくれるK-POPは、聞いて、調べて、歌うことで最高の教材になります。韓国語の勉強をするなら「今でしょ！」。何気ない日々の大切さを知った今、推しの世界をもっと愛するためにこの本を活用していただけたらうれしいです。

민실 민실

文法索引

基本の表現

名詞を修飾する表現（用語の連体形）

現在進行形、未来・意志・推測などの表現

希望・許可・可能・義務などの表現

接続表現

その他の表現

用言の活用

みんしる

MC、ラジオパーソナリティー。1992年にFMヨコハマのインターナショナルDJコンテストで準優勝。審査員の小林克也氏から評価され、ラジオの道に。英語、韓国語、日本語のトライリンガルであることをいかし、国内外の俳優、アーティストの舞台挨拶、ファンミーティングでMCを務める。特に韓流スターが出演するイベントのMCを数多く担当。中でも東方神起とは日本デビュー前から交流があり、長年にわたってファンミーティングなどのMCを担当。メンバーからの信頼が厚いことで知られる。流れるような語り口と、明るくさわやかな進行で人気。2010年末から韓国語サロンを主宰し、オンラインでも定期的に開催している。

K-POP、韓流ドラマのおなじみフレーズで
身につく
基本の韓国語

2021年3月31日　初版発行

著者　みんしる

発行者　青柳昌行
発行　株式会社KADOKAWA
　　　〒102-8177
　　　東京都千代田区富士見2−13−3
電話　0570-002-301 (ナビダイヤル)
印刷所／図書印刷株式会社

●お問い合わせ
https://www.kadokawa.co.jp/
(「お問い合わせ」へお進みください)
※内容によってはお答えできない場合があります。
※サポートは日本国内のみとさせていただきます。
※Japanese text only

定価はカバーに表示してあります。